Trans Formadxs

"¡Qué lectura más poderosa! Claro, convincente y profundamente conmovedor, este libro debería estar en la biblioteca de todo pastor, todo padre y todo cristiano de buena consciencia que quiera comprometerse de manera íntegra con la conversación alrededor del género y la sexualidad. Con la paciencia de un profesor y la humildad de un compañero de viaje, Austen Hartke desglosa con cuidado la terminología, los estudios sociológicos y las perspectivas bíblicas y teológicas que más impactan a los cristianos transgénero y las combina con historias personales conmovedoras —incluso la de él— para señalarnos en dirección a la verdad. Es raro encontrar un libro que se las arregle para contener tal rigurosidad intelectual y ser legible al mismo tiempo. Es que Austin Hartke es un talento extraño; somos bendecidos de poder llamarlo parte del cuerpo del Cristo. Recomendaré este libro a amigos y lectores en los años venideros".

—Rachel Held Evans, autora de
Fe en desenredo y *Buscando el domingo*

"Muy a menudo, en las conversaciones que se dan entre las intersecciones de la identidad LGTB+ y la fe cristiana, la comunidad trans ha sido ignorada. Ahora, con asombrosa claridad, introspección académica y una extraordinaria vulnerabilidad, Austen Hartke explora la identidad trans a través de los lentes de la Escritura de un modo desgarrador y accesible que desafía, convence e inspira a todos a sumergirse más de lleno en su identidad creada por Dios. Este recurso confronta las falsas narrativas sobre el género que se promocionan con frecuencia en lugares no inclusivos y ofrece un camino bíblico para avanzar en nuestra comprensión y aceptación de las personas trans en la vida de la iglesia. *TransFormadxs* es un punto de inflexión y uno de los libros teológicos más importantes que se ha escrito en los últimos tiempos".

—Brandan Robertson, pastor de Missiongathering
Christian Church y autor y editor de *Our Witness:
The Unheard Stories of LGBT+ Christians*

"Austen Hartke trae tamaña compasión, gracia y amor a su ministerio y reivindicación. En este libro oportuno, le da a la iglesia un maravilloso regalo al amplificar las diversas voces de los Cristianos transgénero. También emite una invitación importante y necesaria, llamándonos a todos a reexaminar fielmente lo que las Escrituras tienen que decir sobre identidad, género y comunidad".

—Jeff Chu, autor de *Does Jesus Really Love Me? A Gay
Christian's Pilgrimage in Search of God in America*

"Austen Hartke se ha convertido en un intérprete fundamental de la realidad cristiana transgénero. Este libro será reconocido como una contribución temprana muy importante a una conversación esencial, teniendo en cuenta que hay tanto en juego de parte de preciosas y tan vulnerables personas, cuyo bienestar debería estar en el centro de la preocupación cristiana".

—David P. Gushee, autor de *Still Christian*
y *A Letter to My Anxious Christian Friends*

"Las historias auténticas e íntimas de cristianos transgénero de este libro quitan el velo de una imagen de lo divino que no es monolítico sino multifacético. Al subrayar estas historias como una parte importante de la trayectoria del cristianismo, *TransFormadxs* revela una verdad sobre el cuerpo de Cristo: está incompleto sin la inclusión de los hijos transgénero de Dios. Es un libro seminal que debe ser leído por quien sea que busque entender lo que significa ser iglesia".

—David y Constantino Khalaf, bloggers
cristianos, coeditores, y autores de *Modern Kinship*

"A veces, para las personas trans o no binarias la Biblia puede sentirse como un arma que es usada para lastimarlos. Al mismo tiempo, para quienes somos cristianos, la Biblia es muy importante en nuestra fe. Entonces, ¿qué debe hacer un cristiano trans o sus amigos y aliados? El libro de Austen Hartke tiene la respuesta. Hartke combina una cuidadosa exégesis bíblica y una útil educación alrededor del género y la identidad de género en un tono de conversación y consejos prácticos. Este libro será una lectura obligatoria para cristianos trans, pastores, líderes laicos, padres y todos los que viven en el amor creativo y transformador de Dios".

—Emily C. Heath, Pastor Principal, Congregational Church (UCC), Exeter, New Hampshire

"*TransFormadxs* es un trabajo importante de entendimiento, compasión y narrativa. Hartke no solo posee grandes conocimientos teológicos y bíblicos sino que hace una profunda aproximación compasiva y conversacional a este tema que es tan difícil para muchos en la iglesia. No solo los cristianos trans se encontrarán con sus propias luchas reflejadas en estas páginas, sino que los padres, aliados y personas que desean entender y conocer la historia transformadora de Dios para todo su pueblo también hallarán un hogar seguro en este libro".

—Dianna Anderson, autora de *Damaged Goods: New Perspectives on Christian Purity and Problematic: How Toxic Callout Culture Is Destroying Feminism*

"Soy alentada por individuos valientes que han desafiado las interpretaciones antiguas y dañinas de la Escritura a favor un cristianismo más amoroso e inclusivo, que refleja mejor a nuestro Jesús. A través de algunas historias y de la Escritura, Hartke hace eso: comparte el dolor de la exclusión y el gozo de seguir a Dios para convertirse más en él mismo. Esta es una lectura importante para cualquier cristiano que crea en celebrar la diversidad de la creación y el valor de todas las personas".

—Rachel Murr, autora de *Unnatural: Spiritual Resiliency in Queer Christian Women*

"En *TransFormadxs*, Austen Hartke realiza una contribución vital a las teologías tanto queer como cristiana. Este libro será invaluable para todo aquel que busque entender y mostrar respeto por las vidas trans. Sin embargo, Hartke persigue algo más, algo importante: pretende dialogar para habitar espacios entre cristianos, y quiere que las voces trans sean reconocidas con autoridad en esa conversación. Así, logra emplear con respeto perspectivas evangélicas sin hundirse en apologética. En este libro, las voces trans hablan con osadía, comprometiéndose con la tradición cristiana y con la Escritura con una fresca perspicacia. Desde el inicio, *TransFormadxs* invita a los lectores a reconocer la maravilla de la identidad trans; pero también es un llamado poderoso a percibir de nuevo todo lo sorprendente y lo que da vida de una lectura auténtica de la fe cristiana".

—Elizabeth M. Edman, autora de *Queer Virtue: What LGBTQ People Know about Life and Love and How It Can Revitalize Christianity*

"Había una necesidad por un libro de un joven transgénero cristiano. Al haberse instruido en un seminario, Austen Hartke es el hombre adecuado para responder al llamado y llenar esa necesidad. Hartke comienza su libro con terminología básica y expande el sustento bíblico para que las personas transgénero no solo se escondan como anónimas en las últimas filas de la iglesia, sino que sirvan con franqueza y autenticidad. Ya sea que conozcas —o no— muchas personas creyentes transgénero, aprenderás de la escritura accesible, humilde e informativa de Hartke".

—Kathy Baldock, Directora Ejecutiva, Canyonwalker Connections, Reno, Nevada

AUSTEN HARTKE

Trans Formadxs

LA BIBLIA Y LAS VIDAS
DE LXS CRISTIANXS TRANSGÉNERO

JUANUNO1
EDICIONES

TransFormadxs
La Biblia y las Vidas de lxs Cristianxs Transgénero
de Austen Hartke. 2020, JUANUNO1 Ediciones.

Título de la publicación original: "Transforming".
This work is published by agreement with the owner Austen Donald Hartke.
Esta obra se publica mediante acuerdo con el propietario Austen Donald Hartke.
Spanish Language Translation copyright © 2020 by JuanUno1 Publishing House,
LLC.

Library of Congress Cataloging-in-Publication Data
Name: Hartke, Austen, author
Transformadxs: la biblia y las vidas de lxs cristianxs transgénero / Austen Hartke.
Published: Miami : JUANUNO1 Ediciones, 2020
Identifiers: LCCN 2020947230
LC record available at https://lccn.loc.gov/2020947230

REL105000 RELIGION / Sexuality & Gender Studies
REL012110 RELIGION / Christian Living / Social Issues
REL006630 RELIGION / Biblical Studies / History & Culture

Paperback ISBN 978-1-951539-13-9
Ebook ISBN 978-1-951539-41-2

Traducción: Ian Bilucich
Corrector: Tomás Jara
Diagramación: María Gabriela Centurión
Portada: JuanUno1 Publishing House, LLC
Director de Publicaciones: Hernán Dalbes

First Edition | Primera Edición
Miami, FL. USA.
-Octubre 2020-

Para cada cristiano trans que se siente solo;

para cada padre atrapado entre la espada y la pared;

para cada iglesia y cada ministerio profesional

comprometido en mantener la puerta abierta;

este libro es para ustedes.

Contenido

Prefacio

Este libro es un regalo para la iglesia, y no podría venir en un momento más urgente.

A medida que han aparecido más personas transgénero en los últimos años, muchos cisgénero como yo hemos comenzado a reconocer la abrumadora escala de la discriminación y hostilidad que las personas trans tienen que enfrentar todos los días. No es exagerado decir que el maltrato de nuestra sociedad hacia las personas transgénero es una crisis humanitaria en curso.

Según la histórica Encuesta Nacional de Discriminación Transgénero publicada en 2014, en los Estados Unidos, el 41 % de los adultos transgénero han intentado suicidarse. Piénsalo: cuarenta y uno por ciento (la tasa promedio para la población general es del 1, 6 %). Pero, por más terrible que sea esta estadística, no es sorprendente a la luz de estos otros números: 90 % de las personas transgénero han experimentado acoso o discriminación en el trabajo, 57 %, rechazo familiar significativo, 26 % han sido despedidos solo por ser quienes son, y 19 % han experimentado situación de calle a causa de su identidad de género. En años recientes, el número de personas trans que han sido asesinadas subió, y las mujeres transgénero de color son las mayores víctimas de estos ataques ampliamente ignorados.

¿Dónde ha estado la iglesia en medio de este aluvión de hostigamiento, discriminación y violencia contra las personas trans y no-conformes con el género? Muy a menudo, ha sido parte del problema. Para muchas personas transgénero, algunos de los rechazos más dolorosos que han experimentado han sido en la iglesia. Luego de ser burlados y acosados en la escuela, el domingo sus pastores les dijeron que son una desgracia para Dios a un nivel fundamental. A menos que puedan cambiar algo que no puede ser cambiado, a las personas transgénero frecuentemente se les dice que no hay lugar para ellos entre el pueblo de Dios, y algunos versículos de las Escrituras son desplegados de manera casual como herramientas de exclusión por aquellos que apenas han llegado a conocer a las personas que están excluyendo.

En vista de ese tipo de hostilidad, para las personas transgénero sería perfectamente justificable no querer tener nada que ver con el cristianismo —y, de hecho, si Jesús estuviera aquí, creo que estaría volteando mesas para protestar por el trato inhumano de las iglesias para con ellos. Pero eso solo fortalece la fe y los testimonios de los cristianos transgénero. He conocido muchos por todo el mundo, desde Mississippi hasta Minnesota y tan lejos como Budapest. He sido inspirado por sus historias, y he crecido y cambiado como resultado de ello. También he aprendido una gran cantidad de teología e interpretación bíblica de los cristianos trans y, en este libro, tendrán la oportunidad de aprender de los mejores profesores que conozco.

Austen Hartke es la persona ideal para escribir este libro tan importante. Lo conocí unos años atrás a través de su maravillosa serie de YouTube, "Transgénero y cristiano", donde con gracia, calidez y habilidad experta desglosa problemas teológicos relacionados con la identidad de género. Como graduado del Programa de Maestría en Artes del Seminario Luterano en Estudios Bíblicos del Antiguo Testamento y Hebreo, y ganador del Premio John Milton 2014 en Escritura del Antiguo Testamento del Seminario Luterano, Austen tiene un pensamiento teológico agudo y un tremendo amor por las Escrituras. Ha enseñado en las conferencias del Proyecto de Reforma, y he visto de primera mano cómo su trabajo ayudó a innumerables personas transgénero a reconciliar su fe y su identidad de género.

Pero, por más poderosa que sea la propia historia de Austen, en este libro no pretende ubicarse como modelo. Tiene un gran corazón por otras personas transgénero, y aquí te comparte las historias de otros cristianos trans extraordinarios, como el Reverendx[a] M. Barclay, creyente no binario, y Nicole García, una ministra Latina trans. Austen está apasionado por amplificar las voces de las personas trans afrodescendientes, mujeres trans, personas no binarias, y otros que experimentan múltiples niveles de marginalización en la iglesia. El compromiso da forma y enriquece cada página de este libro.

Tengo una historia sobre Austen para compartirte, que te mostrará algo de su temperamento y corazón por otros. Recientemente en Budapest, pasé una tarde con unos veinte cristianos LGTBQ y aliados. Un joven de los que vino ese día había salido recientemente del clóset como transgénero. Me dijo que había dado con el trabajo de Austen a través de Internet y que lo había ayudado en su viaje como cristiano trans. Pero, aún más, Austen había entablado una amistad con este hombre al responder sus mensajes y hacer todo lo posible para brindarle aliento y apoyo desde el otro lado del mundo. Este chico me expresó su asombro de que Austen, un estadounidense con una plataforma y reputación crecientes, se tomara el tiempo de hacerse amigo y apoyar a alguien que estaba saliendo del clóset desde tan lejos. Si bien estaba encantado con la historia, no me sorprendió. Estas cosas son típicas de Austen.

Es desde ese mismo corazón de siervo que escribió este libro. Hay una necesidad desesperada de más recursos pastorales y teológicos para ayudar a cristianos transgénero y no-conformes con el género y, a través de este libro, Austen da un significativo paso al frente para llenar esa necesidad. Tranquilamente, él podría haber dado un paso al costado de la iglesia. Podría haber despreciado a quienes no lo aceptaron por quien es. Pero no lo hizo. Se quedó por

---

a A lo largo del libro, la x reemplazará a determinadas vocales para designar a las personas no binarias. (N. del T.)

su amor a la Iglesia, y sus escritos y enseñanzas están cambiando vidas por todo el mundo. Este libro solo aumentará el impacto, y será el primer recurso que recomiende para los cristianos transgénero y aquellos que buscan amar —y aprender a amar— a las personas trans y no-conformes con el género en la iglesia.

Así que acerca la silla y comienza a leer. Esta es una conversación que no puede esperar, y Austen es la mejor de las guías.

Matthew Vines
Fundador y director ejecutivo del Proyecto de la Reforma
y autor de *God and the Gay Christian:*
The Biblical Case in Support of Same-Sex Relationships
2 de julio del 2017

Introducción

¿Dios cometió un error?

Donde sea que hable con cristianos que no están familiarizados con los compañeros transgénero, pareciera que pasamos los primeros minutos bailando alrededor de la pregunta que de verdad quieren hacer. No es *¿te hiciste una cirugía?* o *¿cuál es tu nombre real?* (aunque también las he escuchado, y siempre me tomo un momento para recordarles a las personas que esas preguntas no son un buen modo de empezar una conversación). No, la pregunta que recibo más a menudo suele sonar así: "Entonces, si Dios te hizo mujer, pero te identificas como hombre, ¿eso quiere decir que crees que Dios cometió un error?".

Me hice la misma pregunta durante mucho tiempo, antes de declararme transgénero. Como adolescente, creía con fuerza en la idea de que todo sucede por una razón, y, si eso era verdad, entonces debía haber una razón para que Dios me hubiera hecho con un cuerpo que fue designado como femenino al momento de nacer. Aunque sabía que la mayor parte de mi vida no me había sentido como una chica, hice el mejor de mis esfuerzos para ignorar ese hecho y comprimirlo en el fondo de mi ser, donde no tenía que pensar en ello. El mayor obstáculo que enfrenté para encarar mi identidad de género fue que parecía decir que Dios estaba equivocado.

¡Así que imagina mi alivio cuando comencé a dar con versículos de la Escritura que parecían tener algo que decir sobre la identidad de género y el modo en que Dios hizo el mundo! En el seminario, leí la Biblia de tapa a tapa y pasé horas en la biblioteca estudiando minuciosamente libros sobre las narrativas de la creación, intentando reconstruir el mundo antiguo y el significado de la encarnación. De Job aprendí que, a veces, en el mundo pasan cosas que no tienen mucho sentido para los seres humanos. De Abraham aprendí cómo es que se te cambie el nombre. Del apóstol Felipe, que a veces tienes que decirle que sí a Dios, aun cuando no tienes idea de lo que está haciendo. Y, obvio, de Jesús aprendí que, después de su resurrección, decidió mostrar su cuerpo a sus discípulos —un cuerpo que estaba marcado y transformado, y que aun así era suyo.

Mientras más aprendía, más me sentía interpelado a abrirme al mundo. Quería sacar las partes de mí que había guardado fuera de la vista y dejar que respiraran bajo el sol. Casi sentía mi corazón tratando de escapar de mi pecho, palpitando de la misma forma que cuando empecé a considerar estudiar en el seminario. Decidí seguir ese llamado y, cuando empecé a hablar con otras personas transgénero y describí mis experiencias, los escuché contarme lo que parecían partes de mi propia historia. Cuando descubrí que había otros cristianos trans (¡¿Quién lo hubiese dicho?!), sentí como si me topara con un tesoro enterrado.

Pronto estaría encontrando mi propia respuesta a aquella pregunta original: "¿Dios cometió un error?". Mi respuesta es *no*. No creo que Dios haya cometido un error al crearme tal como soy. Me hizo con un cuerpo que fue designado femenino cuando nací —un cuerpo con el que intenté conectar durante los primeros 26 años de mi vida y en el que, al fin, me siento en casa—, pero también con una capacidad para cambiar y con una mente que se identifica como hombre. Creo que Dios me creó en mi totalidad —incluyendo mi identidad de género— y concibió que fuera una persona transgénero que ve al mundo a través de lentes diferentes. No creo que Dios haya cometido un error. Pienso que Dios quiso hacerme trans.

Después de graduarme del seminario, no estaba seguro de qué hacer a continuación. ¡Quería seguir hablando con otros cristianos trans y seguir explorando los versículos de la Escritura que me habían dado tanta vida! Empecé a hacer videos sobre temas relacionados con el género y la teología y los subía a YouTube, y no pasó mucho tiempo antes de que las personas empezaran a dejar comentarios. Algunos eran maravillosos, otros, malintencionados; pero los que más me impactaron fueron los de adolescentes trans y personas jóvenes que tenían preguntas desesperadas. *¿Dios me ama, aun si soy trans?* y *mi pastor dice que voy a ir al infierno, ¿qué hago?* Hice mi mejor esfuerzo para indicarles recursos que les fueran de ayuda (muchos de los cuales encontrarás en la sección "Para más lectura", en la última parte del libro), pero, al final del día, no podía encontrar un recurso escrito y accesible donde localizar el ensamble de todas estas diferentes teologías reafirmantes de lo trans. Quería un libro escrito por y para personas trans y las comunidades de fe que se interesaran por ellos.

Por esa razón, empecé a hablar con amigos míos que también se identificaban como cristianos transgénero, y a preguntarles si estarían dispuestos a compartir algunas de las cosas que habían aprendido. ¡Estoy seguro de que no tengo todas las respuestas! Como un hombre transgénero, blanco, bisexual, no tengo ni idea de cómo es navegar la fe cristiana como una persona de color o como una persona no binaria, o como una mujer trans. Quería incluir alguna de las historias con final feliz —y algunas otras que no terminaran en un desenlace tan optimista. Los cristianos trans enfrentan obstáculos increíbles en las iglesias alrededor del mundo. Mientras que algunos de nosotros pudimos encontrar nuestro camino de regreso a comunidades reafirmantes y fortalecer nuestra fe, no todos encontramos aún esa fuente de sanidad.

Estoy tan agradecido a las personas que aceptaron sentarse y regalarme su tiempo y conocimiento conforme este proyecto se formaba. Cuando hablé con las personas que estás por conocer aquí, siempre terminé la entrevista con la misma gran pregunta: "¿Crees que Dios cometió un error?". Si bien todos somos muy diferentes, parecemos estar de acuerdo en esto.

Aquí, algunas de sus respuestas:

Si en algo nos equivocamos, es en haber creado esta comprensión del género que limita tanto a la creación de Dios. Ese es el error. Siempre hemos sido personas diversas. Siempre hemos reconocido que usar herramientas —a falta de mejores palabras— para apoyar mejor nuestros cuerpos es algo bueno. Lo que es seguro es que quienes decidimos cambiar nuestros cuerpos a causa de nuestra identidad de género no somos las primeras personas del mundo que necesitamos asistencia para ser nuestra mejor versión.

—M

¡Dios nos creó con la habilidad de ser creadores, y algunos inventaron procedimientos quirúrgicos y médicos, conceptos, ideologías, sistemas y comunidades para hacer cosas maravillosas! Si no somos parte en ese proceso creativo, entonces estamos contra nuestra mismísima naturaleza creadora.

—Lawrence

Dios no comete errores; ella solo hace que las cosas sean más fáciles o un poco más difíciles de encontrar. Haber pasado por un proceso de transición no quiere decir que Dios haya cometido un error, sino que necesito trabajar un poco más duro para encontrar la plenitud de vida que Dios tiene para mí.

—River

Creo que Dios me unió al útero de mi madre, pero también me ha estado tejiendo todos los días desde entonces. Pienso que tejió mi cuerpo y mi identidad. No soy solo una mujer. No soy solo un hombre. Soy transgénero. Eso es lo que él diseñó.

—Asher

No puedo esperar para que leas más sobre cada una de estas personas maravillosas en los siguientes capítulos, y que vislumbres un poco de su fe y sus vidas. Una nota rápida antes de seguir: en este libro utilizo la palabra *queer* como sinónimo para personas con identidades LGTBQ+. En las entrevistas de este libro la utilizo solo para describir a alguien que ya decidió usar esta palabra para referirse a sí mismo. Si no estás seguro de si está bien usar una palabra para describir la identidad de una persona, ¡siempre es bueno preguntar primero!

Bueno, vamos a sumergirnos un poco más profundo en estas aguas teológicas. Los cristianos de estos días se preguntan qué tiene para decir la Biblia sobre la ropa, el cambio de cuerpos, los nuevos nombres, y la manera en que Dios creó a los seres humanos. Estoy agradecido de que los cristianos trans, que han estado viviendo y estudiando estas preguntas por años, ¡hayan dado con unas preguntas bastante fascinantes! Empecemos preguntándonos por qué la teología para y sobre personas transgénero es importante.

Primera Parte

1

Parados en el borde

"¿Acaso... dejan entrar a… personas como tú?".

Esta fue la primera pregunta que me hizo mi hermana Madelyn cuando le conté que iba a enviar una solicitud para entrar al seminario. Claro, su intención al preguntarme eso no era hacerlo de un modo despectivo —ella era y continúa siendo una de las personas que más me apoya en mi vida—, pero estaba curiosa y preocupada. En 2011, cuando envié mi solicitud a un programa de grado en ministerio juvenil, todavía no había llegado a dar del todo con mi identidad de género. Había sido abierto en cuanto a mi bisexualidad durante unos siete años, y no me gustaba la idea de tener que volver al clóset.

Esto quiere decir que cuando empecé a considerar un programa de seminario, mi proceso de discernimiento no comenzó con *¿Dios está guiándome hacia el ministerio?* ni con *¿Este título me daría una ventaja en mi carrera?* No, cuando llegué al campus en los días de visita, estaba buscando algunas respuestas más básicas. Por ejemplo, si me dedicara por completo al estudio de las Escrituras y la construcción de la iglesia, *¿sería bienvenido?* Si me abriese de manera honesta y tuviese comunión auténtica con otros en el salón de clases y en el templo, *¿podría dar por hecho que mi integridad física estaría a salvo?*

Hoy, la mayoría de los cristianos en Estados Unidos no tienen que elegir entre ser honestos sobre sus relaciones o ser excomulgados. No corren el riesgo de ser agredidos en su camino a los servicios por usar su ropa favorita, solo para llegar y escuchar un sermón que los condena al castigo eterno. Sin embargo, algunos sí.

Esa es la razón por la que, hasta este día, me siento un poco nervioso cuando camino hacia alguna iglesia que no conozco. Es una respuesta reforzada por años de estar —por necesidad— a la defensiva, algo que muchos cristianos LGTBQ+ tienen que aprender a hacer. La histórica encuesta del 2013 del *Pew Research Center* sobre LGBT estadounidenses nos dice que el 29 % de las personas identificadas como LGBT se han sentido mal recibidas en los espacios religiosos.[1] Si consideramos el hecho de que el Instituto Williams estima que el número de LGBTQ+ estadounidenses era de nueve millones en el 2011,[2] significa que aproximadamente dos millones y medio de personas han sido tratadas pobremente por aquellos con los que comparten su fe, a causa de su sexualidad o identidad de género.

El trato negativo —ya sea que se manifieste como miradas hostiles, una orden directa de irse, o violencia física— no existe en un vacío. Mientras que el cristianismo continúa siendo la fuerza religiosa dominante detrás de mucho de la cultura estadounidense, las personas fuera de los muros de la iglesia ha empezado a expresar frustración con la actitud de la fe hacia las personas LGBTQ+. Un estudio del 2014 revela que el 70 % de los milenials y el 58 % de los estadounidenses creen que los grupos religiosos están alienando a las personas por ser demasiados juzgadores sobre cuestiones LGBTQ+, como el matrimonio entre personas del mismo sexo.[3] Un cuarto de las personas que fueron criadas en familias religiosas, pero que dejaron su tradición, admiten que los tratos o enseñanzas negativas sobre las personas LGTBQ+ fue un factor en su decisión de irse. Con el cristianismo organizado en Estados Unidos ya enfrentando un declive constante,[4] podríamos preguntar cómo la iglesia se permite expulsar a alguien, en especial a las personas que buscan con desesperación ser reconocidas y aceptadas como parte de la fe.

Y esta es la parte más extraña de estos estudios recientes: a pesar de la reputación cristiana de ser anti LGTBQ+, la mitad de los adultos identificados como queer dice tener una afiliación religiosa, y el 17 % considera que la fe es muy importante en sus vidas.[5] Y estos porcentajes parecen aumentar cada año.[6]

¿Cómo se siente estar atrapado en el fuego cruzado entre tu fe y tu identidad, que ha sido declarada parte de "las guerras culturales"? Para algunos cristianos LGTBQ+, es un fuego refinador que trae consigo una pasión aún mayor por la misericordia, la justicia y una relación con Dios. Cristianos gay y lesbianas como Matthew Vines y Rachel Murr incluso han escrito sobre sus experiencias y su viaje a un mejor entendimiento de los "versículos de azote" relacionados con la sexualidad. En años recientes, las cuestiones culturales y políticas como el casamiento entre personas del mismo sexo han traído a los asuntos de lesbianas, gay y bisexuales la atención cultural.

Sin embargo, los asuntos transgénero y de identidades han sido ampliamente ignorados durante este mismo periodo, tanto en la sociedad en general y más dentro de los círculos cristianos. Los escritores del *Christianity Today*, una revista evangélica, expresaron un cierto temor sobre los temas trans a partir del 2008, pero no fue hasta el 2012 que la *T* en LGBT encontró su primer gran encabezado en las noticias cristianas. Un grupo de chicas scout en Colorado le permitió unirse a una joven mujer transgénero; esto provocó una rápida represalia, en forma de boicot a la venta de galletas por parte de algunos cristianos. En 2013, el Dr. Heat Adam Ackley, profesor de la Universidad Evangélica Azusa Pacific, se manifestó como transgénero y, acto seguido, se le pidió que se fuera. En mayo del 2014, la revista *Time* declaró el año del "punto de inflexión transgénero", afirmando que los asuntos trans serían "la siguiente frontera de derechos civiles estadounidenses". Esto fue seguido por la presentación de un récord de proyectos de ley trans exclusivos en las legislaturas estatales en 2015.

Mientras que la visibilidad transgénero se incrementó en cinco años (el número de estadounidenses que conocían una persona trans se había duplicado de un 17 % en 2014 a un 35 % solo dos años después),[7] la visibilidad en sí misma no siempre ha tenido un efecto positivo. Mientras más personas trans pasaban al frente y compartían sus historias y las luchas que enfrentaban, aquellos que encontraban desagradables o moralmente corruptas estas identidades sentían que también debían dar un paso al frente con sus propias opiniones, políticas y pronunciamientos teológicos. En octubre del 2015, solo tres meses después de que la estrella olímpica Caitlyn Jenner confesara ser transgénero en la tapa de la revista *Vanity Fair*, la Asociación de Consejeros Bíblicos Certificados (ACBC) organizó un evento que catalogaron como "la primera conferencia de cristianos evangélicos sobre temas transgénero".[8] No se convocó a ninguna persona transgénero como oradora. En su lugar, los oradores, en gran parte bautistas del sur, aceptaron de antemano una declaración que rechazó la idea de que "un ser humano podría poseer un género distinto al indicado por el sexo biológico". Miembros de la ACBC argumentaron que la disforia de género es un resultado del pecado original, y Owen Strachan, el director ejecutivo del Consejo de Masculinidad y Feminidad, declaró: "Incluso si nunca hemos tenido la intención de elegir una identidad transgénero, pero aceptamos este impulso, estamos siguiendo y persiguiendo un instinto pecador. De hecho, estamos pecando contra Dios".[9]

Luego, en 2016, lo que antes había sido un debate teológico entre cristianos conservadores y aquellos que apoyaban la justicia transgénero se transformó en una batalla campal que explotó sobre la escena legislativa nacional. El 13 de mayo, el Departamento de Justicia Estadounidense y el Departamento de Educación Estadounidense enviaron una carta de orientación conjunta a todas las escuelas públicas, aclarando que las protecciones de la *Title IX*[a] contra la discriminación basada en el sexo, ahora incluía la discriminación basada en la identidad de género. La carta enunciaba que, para estar en cumplimiento con la Title IX, las escuelas públicas no deben discriminar según la identidad de género cuando se trate de espacios históricamente divididos por género, como baños, vestuarios, clases unisex o escuelas, fraternidades o hermandades. Todas las escuelas que desearan continuar recibiendo dinero federal debían alinearse a la Title IX.[10]

De repente, el movimiento hacia la protección de las personas transgénero en los Estados Unidos se convirtió, según la opinión de algunos cristianos, en una amenaza a la libertad religiosa. Decenas de escuelas iniciaron el proceso de solicitud

---

a   La Title IX es una ley federal de derechos civiles en los Estados Unidos de América que se aprobó como parte de las Enmiendas de Educación de 1972. "Ninguna persona en los Estados Unidos, por razones de sexo, será excluida de la participación, se le negarán los beneficios o se le someterá a discriminación bajo cualquier programa o actividad educativa que reciba asistencia financiera federal". (N. del T).

de exenciones religiosas para que no tuvieran que cumplir con la resolución mencionada —una medida que recuerda la exención religiosa de proporcionar anticonceptivos ganada por Hobby Lobby en 2014 y la del servicio a parejas del mismo sexo solicitado por una panadería en Colorado en 2013.[11]

Pero estas corporaciones individuales, pequeños negocios y escuelas no están trabajando solas. Tres centros cristianos de acción social conservadora muy importantes —la Alianza Defensora de la Libertad, el Consejo de Investigación Familiar, y Enfoque en la Familia— han provisto fondos y asesoramiento legal para apoyar lo que consideran "libertad religiosa". Específicamente, en cuanto a los asuntos transgénero, cada una de estas tres organizaciones ha ayudado a que todo esto se diera.

Aunque afirma no ejercer presión sobre los funcionarios gubernamentales ni promover leyes, la Alianza Defensora de la Libertad —cuya misión reza "Mantener las puertas abiertas para que pueda pasar el Evangelio, abogando por la libertad religiosa, la santidad de la vida, el matrimonio y la familia"— ha creado un esquema de normativa que excluye a los estudiantes transgénero del baño escolar y se ha ofrecido a defender a cualquier distrito escolar que implemente dicha normativa.[12] Este "Decreto de Privacidad Física Estudiantil" fue utilizado como modelo sobre el cual varias legislaturas estatales construyeron propuestas para excluir a las personas trans de los baños públicos que se alineaban con su identidad de género.[13]

El Consejo de Investigación Familiar, una organización de política pública cuya misión es "fomentar la fe, la familia y la libertad en las políticas públicas y en la cultura desde una cosmovisión cristiana", también ha sido instrumentadora al fomentar esfuerzos legislativos contra estadounidenses transgénero. Su comité de acción política, el Fondo Fe de la Libertad Familiar, llevó adelante campañas de publicidad contra la Ordenanza de Igualdad de Derechos propuesta por Houston en 2015, alegando que, si se aprobaba la medida de no discriminación, los habitantes de dicho estado podrían ser multados por impedir que un hombre ingrese al baño de mujeres. Peter Sprigg, del Consejo de Investigación Familiar, argumentó que incluir la identidad de género como una categoría protegida en las leyes de derechos civiles sería "amenazar la seguridad pública de mujeres y niños, al crear el acceso legítimo que los predadores sexuales tienden a buscar".[14]

Se probó que este no era el caso. En los doce estados que incluyeron la identidad de género en sus leyes de no discriminación para marzo de 2014, nadie había asaltado a otra persona a través del acceso ganado en estos espacios como resultado de este tipo de normativas.[15] Más aún, el mismo estudio hecho sobre leyes de no discriminación mostró que nunca hubo un incidente donde una persona trans acosara o atacara a otra persona en una instalación segregada por género, echando por tierra la idea de que las personas trans fueran un daño para otros. De hecho, según un estudio del 2013 llevado a cabo por el Instituto Williams, es el 70 % de las personas transgénero las que son víctimas en algún momento de su vida de ataques tanto verbales como físicos en baños.[16]

Enfoque a la Familia es, posiblemente, la organización ministerial cristiana más conocida en los Estados Unidos. En 2015, actualizaron una declaración de posicionamiento en su sitio web para contener una serie de cuestiones transgénero, que incluían la afirmación que estas identidades "violan el diseño intencional de Dios para el sexo y la sexualidad". Las declaraciones continúan:

> Creemos que este es un desafío cultural y teológico que debemos entablar y ganar. El movimiento "transgénero" moderno está trabajando sistemáticamente para desmantelar la realidad de los dos sexos —masculino y femenino— que siempre concibieron la Biblia y el mundo. Si la presión política de los transgénero tiene éxito, habrá consecuencias impactantes para los individuos, el matrimonio, la familia y la sociedad en su conjunto.[17]

En el espíritu de comprometerse en estos asuntos para ganar, la división política de Enfoque a la Familia y la Alianza de Políticas Familiares (antes conocida como Enlace Ciudadano), ayudaron a implementar el proyecto de Ley Hogareña 2 (LH2) en North Carolina, en el 2016. Este proyecto de ley fue el primero de la legislación estatal aprobado como ley, que exigía específicamente a las personas transgénero usar el baño u otra instalación que correspondiera con el género que figurara en su certificado de nacimiento, e impidieron que cualquier política de no discriminación que incluyera la identidad de género u orientación sexual se convirtiera en ley en todo el estado.

Estas dos estipulaciones pueden parecer inocuas para los que no se identifican como trans, pero el estrés causado al caer en la cuenta de que podrías ser arrestado por entrar a un baño y acosado o atacado si entras al otro difícilmente puede exagerarse.

En una entrevista con Greta Gustava Martela, una de las funda-
doras Trans Lifeline, una línea telefónica para crisis trans, se descubrió que las llamadas entrantes al centro de crisis duplicaron
en las tres semanas luego que la LH2 fuera aprobada.[18] Esta ley,
que luego el Departamento de Justicia Estadounidense determinó
que violaba el Acta de Derechos Civiles Federales, fue puesta
en práctica a través de los esfuerzos directos de Enfoque a la
Familia y Alianza de Políticas Familiares. Según la documenta-
ción del IRS,[b] publicada recientemente, la FPA[c] contribuyó con
más de un tercio del presupuesto operativo para su afiliada, el
Consejo de Política Familiar de Carolina del Norte (CPFCN).[19]
El CPFCN, a cambio, presionó a Pat McCrory, gobernador del
estado, para que llamara a una sesión especial,[20] que aprobó la
LH2 a través de todo el proceso legislativo estatal en solo un día.

Muchas otras denominaciones cristianas sostienen visiones
negativas similares cuando se trata de identidades transgénero,
aunque las acciones que toman pueden no ser tan perjudiciales.

Algunos adoptan una postura más moderada o promueven
una forma condicional de aceptación. La Convención de
Bautistas del Sur aprobó una resolución en 2014 que declara
que la "confusión de identidad de género" es el efecto de la
naturaleza humana caída, y algo que no debe ser alentado o
normalizado. Hacia el final del mismo documento, se resuelve
que la Convención "ama a nuestros vecinos transgénero, busca
siempre su bien, les da la bienvenida a nuestras iglesias y,

---

b   El Servicio de Impuestos Internos o Servicio de Rentas Internas (IRS), es la instancia federal del Gobierno de los Estados Unidos encargada de la recaudación fiscal y
del cumplimiento de las leyes tributarias. (N. del T).

c   La Asociación de Planificación Financiera de Australia (FPA en inglés) es una organización cristiana conservadora estadounidense que funciona como brazo de
cabildeo de Enfoque a la Familia. (N. del T).

siempre que se arrepientan y crean en Cristo, los recibe como miembros".[21] Aunque las declaraciones llaman a una respuesta amorosa, el énfasis está puesto en un arrepentimiento necesario, lo cual presupone tres cosas: que las identidades transgénero son en sí mismas pecaminosas, que una persona trans puede rechazar su identidad si lo intenta lo suficiente, y que las identidades trans son incompatibles con la fe en Cristo.

Otros grupos cristianos, como lo Iglesia Luterana de Missouri Synod (ILMS), no se concentró tanto en las identidades transgénero como en la transición física de una persona.

La medida en que un miembro transgénero puede participar en la vida de la iglesia también ha sido un punto de disensión para muchos cristianos. Algunas denominaciones dan la bienvenida a las personas trans que buscan una iglesia a la que poder llamar hogar, pero les niega la membresía oficial. Otras permiten la membresía pero no les dan lugar en ninguna posición de liderazgo. La Iglesia Católica Romana fue noticia en el 2015, después de que el área de cumplimiento de políticas del Vaticano, la Congregación para la Doctrina de la Fe, determinara que las personas trans no son aptas para ser elegidas como padrinos o madrinas. Después de que Alex Salinas solicitó convertirse en el padrino de su sobrino, la iglesia declaró que ser abiertamente transgénero "revela de manera pública una actitud opuesta al imperativo moral de resolver el problema de la identidad sexual de acuerdo con la verdad de su propia sexualidad".[24] La declaración continúa diciendo que Salinas no es adecuado para ser padrino porque "es evidente que esta persona no presenta los requerimientos de llevar una vida según la fe y la posición de un padrino".

Esto fue una decepción para los católicos que habían esperado que la iglesia bajo el papado de Francisco fuese un lugar de más recepción para los cristianos LGTBQ+. Francisco mismo enfrentó críticas por lo que muchos vieron como una comparación entre las personas transgénero y las armas nucleares durante una entrevista con los autores Andrea Tornielli y Giacomo Galeazzi en su libro *This Economy Kills: Pope Francis on Capitalism and Social Justice* [Esta Economía Mata: el Papa Francisco sobre el Capitalismo y la Justicia Social]. Durante una parte de la entrevista en la que habla sobre cosas que destruyen el orden de la creación, Francisco usa los siguientes ejemplos: "Pensemos en las armas nucleares, con la posibilidad de aniquilar en unos instantes una gran cantidad de seres humanos. Pensemos también en la manipulación genética, la manipulación de la vida, o de la teoría de género, que no reconoce el orden de la creación".[25] La frase "teoría de género", si bien tiene distintos significados, usualmente engloba las formas en que los sociólogos han llegado a comprender la experiencia humana en términos de espectros de sexo, género y expresión de género. El hecho de que Francisco pareciera estar articulando su opinión al respecto diciendo que está fuera del orden creado por Dios podría ser, incluso, peligroso.

¿Qué efecto debe tener en los jóvenes católicos trans saber que la comunidad de su iglesia los considera antinaturales y peligrosos? ¿Qué hace un miembro trans de una Asamblea de Dios cuando le dicen que pasar por una transición no es opción? ¿Qué efecto tiene en nuestro país que James Dobson, el fundador de Enfoque a la Familia, haya grabado un mensaje que anima a los hombres a "defender la privacidad y seguridad de su esposa en los baños" contra "un hombre de aspecto extraño, vestido como una mujer", y lamenta el hecho de que ya no es aceptable dispararles a las personas transgénero en esta situación?[26]

El 2016 fue el año en el que se registraron más muertes de personas transgénero en los Estados Unidos.[27] Veintisiete de ellas fueron asesinadas; en 2015 ya habíamos perdido veintiuna y, en 2014, fueron asesinadas trece —y solo son las muertes de las que tenemos conocimiento.[28] Muchas veces, a las personas transgénero, cuando mueren, se les malinterpreta el género por parte de las fuerzas del orden y las agencias de noticias; como resultado, su verdadera identidad y sus historias se pierden. Además, es crucial notar que la mayoría de las víctimas de asesinato transgénero son mujeres de afrodescendientes —específicamente mujeres trans— que deben lidiar con la triple amenaza del sexismo, racismo y transfobia. Con, al menos, veintiún asesinatos de personas trans contadas en nuestro país en los primeros diez meses del 2017, se podría establecer un nuevo y abominable récord.

En 2011, la Campaña por los Derechos Humanos (CDH) puso a la luz un reporte que intentaba entender las razones detrás de la epidemia de asesinatos que estaba ocurriendo. Encontraron que, cuando todos los factores eran tenidos en cuenta, las personas trans eran desproporcionadamente afectadas por la pobreza, la situación de calle, discriminación en el trabajo, bullying en la escuela, y acoso por parte de la policía.[29] Esencialmente, los prejuicios mentales y emocionales que la cultura estadounidense sostiene contra los individuos transgénero se escurre a las acciones del mundo real, ya sea que la acción consista en rechazar a un solicitante no binario para un trabajo o acribillar a una mujer trans en un baño.

Cuando nuestras iglesias apoyan o, incluso, formulan de manera orgánica la idea de que las personas transgénero son inferiores moral, intelectual o teológicamente, alimentan el odio que lleva a la muerte de un grupo ya marginalizado. El reporte de la CDH encontró que un 41 % de los individuos trans han intentado suicidarse, en comparación con el 1,6 % de la población general de los Estados Unidos. Casi la mitad de las personas trans intenta suicidarse, no porque haya algo inherentemente malo en ellas, sino porque experimentan un fenómeno llamado "estrés de minorías".[30] El estrés de minorías describe la fricción que ocurre entre una persona que sostiene una identidad marginal y el ambiente hostil donde vive. Las personas trans viven con una continua expectativa de rechazo, y muchas experimentan un miedo subyacente interminable por la amenaza de violencia física o emocional. Este estrés constante puede llevar a la depresión, ansiedad, desórdenes de abuso de sustancias y pensamientos y acciones suicidas. Un estudio coordinado por el Instituto Williams y la Fundación para la Prevención de Suicidios Estadounidense halló evidencia directa acerca del estrés de minorías cuando descubrieron que las tasas de suicidio entre adultos transgénero y no conformistas con el género saltaron de una base del 41 % al 59 % entre aquellos que fueron acosados en el trabajo; un 61 % entre aquellos que fueron acosados por oficiales de policía y un 78 % entre aquellos que experimentaron violencia física o sexual.[31]

La tensión en las personas trans ha aumentado con la llegada de los proyectos de ley relacionados con los baños y la legislación de los espacios de género. El administrador de investigación transgénero del Instituto Williams, Jody L. Herman, confirmó que las experiencias en baños de género están afectando significativamente los niveles de estrés de minorías. Declara que las "normas para proteger el acceso de las personas transgénero pueden ser entendidas como normas que están conectadas a su salud y bienestar".[32]

Vivir cada hora de tu vida con la guardia en alto puede ser contraproducente para cualquiera; pero, para las personas LGBQ+ y transgénero el estrés puede ser mortal. Aun así, las iglesias y organizaciones cristianas continúan defendiendo y financiando políticas que hacen de este estado una cárcel.

Si las altas tasas de suicidios y asesinatos de personas transgénero puede ser conectadas con miedos legítimos, discriminación y acoso, entonces la solución obvia es crear un ambiente donde los injuriados, los agotados, y los desesperanzados se sientan seguros y amados. De hecho, el indicador número uno de salud y bienestar en la juventud LGTBQ+ es la aceptación de la familia y la creación un refugio seguro en casa.[33] Más de la mitad de los jóvenes LGTBQ+ que fueron rechazados por sus familias reportaron tener intentos de suicidio, comparados con solo el 32 % de aquellos que tenían familias que los apoyaban. La aceptación de la familia también es una protección contra la depresión, el abuso de sustancias y otras cuestiones negativas relacionadas con la salud mental que, generalmente, se ven en aquellos que experimentan estrés de las minorías.

El problema es que la aceptación familiar en sí misma está ligada intrínsecamente a la afiliación religiosa. Muchos padres que tratan de seguir su fe y hacen lo mejor que pueden por el bienestar del alma de sus hijos pueden terminar por hacerles un daño irreversible en su salud física y mental. Como lo expresa Caitlin Ryan, directora del Proyecto de Aceptación Familiar: "La mayoría de las familias, incluyendo las muy religiosas, están impactadas al aprender que el comportamiento que adoptan en el intento de ayudar a sus hijos LGTBQ+ para encajar y ser aceptados por otros, en vez de ayudar, contribuye a serios riesgos en la salud, tales como intentos de suicidio".[34] Lo que han descubierto el Proyecto de Aceptación familiar y otros es que la alta religiosidad en las familias está directamente conectada a altos niveles de rechazo familiar.

Cuando los padres van a iglesias que enseñan que ser transgénero es pecaminoso, es mucho más probable que rechacen a su hijo una vez que sale del clóset; a su vez, un niño que es rechazado es más propenso a sufrir de problemas de salud mental y cometer suicidio. Este triste hecho se hizo visible para muchos en la muerte de Leelah Alcorn, quien se paró frente a un camión en diciembre de 2014, después de experimentar reacciones negativas basadas en la fe de sus padres que la obligaron a asistir a una terapia de conversión cristiana para "curarla" de su identidad de género.

El cristianismo ha sido dominado por las voces de aquellos que hablan contra la existencia, el bienestar y la humanidad de las personas trans. Estas voces se han sumergido en el tejido social de la cultura estadounidense, y, como resultado, ha habido una ola de asesinatos que no han causado ningún tipo de escándalo religioso, ninguna demanda por justicia de aquellos que deberían cuidar de los heridos al lado del camino. Hemos cerrado nuestros oídos a los clamores de los padres que han perdido a sus hijos por la teología tóxica; hemos dado la espalda a las lágrimas de la juventud que pregunta si Jesús puede amarlos tal como son. Demasiados cuestionamientos sobre su identidad de género les han hecho sentir que deben escoger entre Dios y una vida auténtica y saludable. No todas las personas a las que se les ha forzado a tomar esa decisión salieron vivas.

Aquí es donde los cristianos transgénero se han visto obligados a vivir: afuera, en los bordes. Caminan en la delgada línea entre la aceptación y el rechazo, entre el amor de Dios y el juicio de la iglesia.

Pero aquí también es donde Dios comienza a traer vida de la muerte, porque, aunque las afiliaciones religiosas en las familias han sido conectadas al rechazo de los hijos LGTBQ+, la fe también puede ser unas de las que más contribuya al bienestar en la juventud si sus comunidades religiosas los apoyan.[35] Sabemos que la aceptación familiar y la creación de un refugio en casa y en las comunidades es increíblemente importante para la salud de las personas transgénero, y, siendo así, debemos preguntarnos: ¿es tiempo de que la casa de Dios se convierta realmente en una casa de oración para todas las personas? ¿Escucharemos las palabras de la Escritura y las historias de los cristianos trans entre nosotros, y permitiremos que nuestros santuarios se conviertan en los espacios que están destinados a ser?

2

Guía para principiantes en género

Quizás seas un pastor con un nuevo congregante trans; quizás eres un padre creyente cuyo hijo acaba de identificarse como género fluido; quizás tú mismo eres trans y recién estás entendiendo las conexiones entre tu fe y tu identidad; ¡quizás eres un lector casual curioso sobre este asunto del que todos hablan! Quien quiera que seas, probablemente eres alguien con preguntas. Pero antes de empezar a responderlas, es importante que tengamos en común algunos términos.

Imagina que hablamos idiomas diferentes y queremos preparar una cena juntos. ¿Cómo podríamos hablar de que tipo de comida queremos hacer si llamamos distinto a los vegetales y las pastas que pretendemos cocinar? Probablemente haríamos muchas señas para pedirnos una zanahoria o una ramita de tomillo, y nos preguntaríamos *¿cómo le dices a esto?* con una mirada.

De eso se trata este capítulo: de hacer que estemos en la misma página y hablemos el mismo lenguaje, para luego tener una conversación más profunda sobre la comida en sí.

Empecemos con algunas definiciones:[1]

Tu *identidad de género* es cómo te sientes internamente: como hombre, mujer, ambos o ninguno. Todas las personas del mundo tienen una identidad de género, aunque a muchos de nosotros se nos complica explicar por qué nos sentimos hombre o mujer (o ambos o ninguno).

La *expresión de género* tiene que ver con el modo en que hacemos visible nuestro sentimiento interno de género a las demás personas. Lo expresamos a través de nuestra ropa, cabello, voz y ademanes.

Tu *sexo asignado*, o *sexo asignado al nacer*, proviene del momento en el que el doctor declara "¡Es un niño!" o "¡Es una niña!". En estos días, obviamente, muchos padres se enteran el sexo asignado de su bebé unos meses antes, cuando los técnicos de ultrasonido reportan lo que ven en una pantalla. El sexo asignado es determinado por un rápido vistazo a los genitales del nuevo bebé, y ese vistazo nos establece a cada uno de nosotros expectativas de género de por vida.

Una persona *transgénero* es alguien cuya identidad de género no coincide con el sexo que le asignaron al momento de nacer. *Transgénero* —o *trans*, para abreviar— es un "término paraguas" que cubre muchos tipos de identidades de la diversidad de género. Es un adjetivo, una palabra descriptiva; así, en una oración podrías decir "María es una mujer transgénero" y no "María es una transgénero" o "María es transgénero". Algunas personas trans se refiere a sí mismas como transexuales —es decir, que transicionaron médicamente de alguna forma a través de cirugía o reemplazo de hormonas— pero, para la mayoría de los más jóvenes, "transexual" es considerado algo anticuado.

La *disforia de género* es la sensación de inquietud, ansiedad, disonancia o angustia que puede ser causada por el conflicto entre la identidad de género de una persona y su sexo asignado. Para algunas personas trans, la disforia de género es solo un nudo ocasional en el fondo de sus mentes, para otros puede ser completamente debilitante. Durante años, los médicos y psicólogos quisieron "arreglar" la disforia de género al intentar que las personas transgénero se identificaran con su sexo asignado —intentando reconfigurar el cerebro para que coincidiera con las expectativas sociales situadas sobre el cuerpo de la persona. Sin embargo, recientemente ha quedado claro que el único remedio para la disforia es permitir a la persona transicionar socialmente y/o médicamente —permitir que el cuerpo y las expectativas sociales vinculadas a este cambien para adaptarse al cerebro.[2]

Una persona *cisgénero* es alguien cuya identidad de género coincide con el sexo que se le asignó al nacer. Mientras que el prefijo *trans-* significa "a través de" o "más allá", el prefijo *cis-* significa "del mismo lado". Una persona cisgénero puede expresarse en modos que no son típicos de su género (como una mujer agresiva que juega al fútbol o un hombre emocional que disfruta cocinar), pero su identidad de género y sexo asignado no están en conflicto.

El *género binario* es un sistema social en el cual se asume que las personas vienen solamente con dos géneros: hombre y mujer. Este sistema es la norma en contextos blancos y occidentales, mientras que en algunas culturas no occidentales pueden distinguirse entre hasta siete géneros diferentes.

Los *roles de género* gobiernan el modo en que esperan que actuemos, dependiendo de nuestro género. Por ejemplo, cuando imaginas un doctor o una enfermera, ¿cuál esperas que sea hombre y cuál mujer? En los Estados Unidos, los roles de género han sido derribados considerablemente en los últimos cien años, y, claro, vemos mujeres doctoras y hombres enfermeros; sin embargo, estos roles de género todavía son reforzados de muchas maneras.

Las personas que son *género no conforme* se visten o actúan de un modo que no es típico de su sexo asignado en su cultura particular, pero eso no quiere decir necesariamente que sean transgénero. Por ejemplo, si eres un hombre cisgénero que disfruta pintarse las uñas o una mujer cisgénero que se afeita la cabeza y conduce una motocicleta, podrías ser considerado género no conforme. No todas las personas cisgénero se ajustan a las normas de género, y no todas las personas transgénero las desafían.

La *orientación sexual* se trata sobre quién te atrae sexual y románticamente. Ser gay, lesbiana, bisexual o cualquier otra orientación tiene que ver con tu relación con otros, mientras que ser trans tiene que ver con tu propia identidad de género interno y sentido de ti mismo. Como las personas gay y lesbianas son más visibles en la sociedad, a veces las personas trans pueden salir del clóset inicialmente como gay, porque ese es el único lenguaje al que han sido expuestas que podría explicar momentáneamente sus sentimientos. En cualquiera de los casos, la orientación sexual y la identidad de género son dos cosas separadas, y ser gay no lleva a alguien a convertirse en trans. Puedes pensar en la orientación sexual como una línea horizontal y la identidad de género como una línea vertical; aunque no son lo mismo, algunas veces pueden intersecarse. Por ejemplo, un hombre transgénero puede sentirse atraído por otros hombres, lo cual lo haría transgénero y gay; por otro lado, puede sentir atracción por las mujeres, en cuyo caso sería transgénero y heterosexual.

A menudo, las personas que recién están interiorizándose en las identidades trans pueden sentirse confundidas sobre cómo referirse a ellas. ¿Un hombre trans es una persona que fue asignada hombre al nacer o alguien que tienen una identidad de género masculino? Te sugiero una forma fácil de recordar cuál es cuál: piensa y refiérete al género de la persona en presente. Al citar a la persona en presente, deberías referirte a su identidad de género en presente en lugar del sexo que les fue asignado en el pasado. Por ejemplo, un *hombre transgénero* es alguien que fue asignado mujer al nacer pero que ahora tienen una identidad de género masculina. De modo similar, una *mujer transgénero* es alguien que fue asignada hombre al nacer pero cuyo identidad de género ahora es femenina.

Además de hombres y mujeres transgénero, hay muchas otros tipos de identidad de género que dentro del paraguas trans.

Una persona *no binaria* es alguien que no se siente estrictamente identificada ni como mujer ni como hombre. Puede verse a sí misma como una mezcla tanto de masculino como femenino, o como otro género por completo.

A algunas personas no binarias les gusta referirse a sí mismas como *queer*, lo cual puede actuar como un término amplio quienes sienten que el lenguaje aún no tiene las palabras para describir su género. Es un término flexible que puede ser útil para que las personas entiendan su identidad de género.

Alguien que es *género fluido, bigenero* o *pangénero* puede tener una identidad de género que fluctúa entre masculino, femenino u otro. Un día pueden sentirse mujeres y expresarse en modos estereotípicamente femeninos, y otro día sentirse hombres, y andróginos el día siguiente. Todas estas experiencias son parte de la identidad de género singular de la persona.

Las personas *agénero* no se identifican con un género específico. Puede llegar a expresarlo al vestirse de forma andrógina

—o puede que no, dependiendo de las presiones sociales y las preferencias personales.

Algunas personas tienen categorías culturalmente específicas de género, como las personas de *dos espíritus* en muchas tribus de nativos americanos, los *fa'afafine* de Samoa, los *hijra* de India, los *sekrata* de Madagascar y los *muxes* de México. Estas culturas reconocen más de dos géneros, y, generalmente, las personas en estas categorías de géneros adicionales históricamente se tenían en alta estima o eran consideradas poderosas espiritualmente.

La presencia de géneros más allá de lo masculino y lo femenino en las sociedades en todo el mundo nos da un indicio de hace cuánto existen las personas trans. Lejos de ser una nueva tendencia, ha habido personas de género no conforme y no binarias a lo largo de la historia humana. Sería anacrónico decir que estas personas fueron trans como lo entendemos en la actualidad, pero sabemos que hubo quienes que no encajaban en las normas de género de su tiempo y que vivieron vidas en roles de género que no coincidían con su sexo asignado. Asurbanipal, un antiguo rey de Siria también conocido como Sardanapalus, era famoso por vestirse con ropas de mujer, adoptar modos femeninos de hablar y comportarse, y pasar el tiempo hilando y tejiendo ropa.[3] Hatshepsut, uno de los faraones más famosos, fue asignado como mujer al nacer, pero asumió el reinado de Egipto como hombre y fue inmortalizado en estatuas y muros con barba y la falda corta típicamente usada por los Egipcios varones.[4]

Una de las primeras descripciones registradas de no conformidad de género en lo que hoy son los Estados Unidos vino de los escritos de Álvar Núñez Cabeza de Vaca, un conquistador español que viajó a través de lo que hoy es el suroeste del país, en 1530. En sus diarios, describe su estadía con el pueblo coahuilte-cano, que vivió en el valle de Río Grande. Notó que ellos habían aceptado un tercer género hecho de individuos que el mismo Ca-beza de Vaca identificaba como hombres, pero que actuaban y se vestían como mujeres coahuiltecanas. Mientras que la cultura local aceptaba estas diferencias, el conquistador, como católico, condenó estas no conformidades de género y describió toda la experiencia como "algo diabólico".[5]

Esta fue la norma en el rumbo que adoptaron las interac-ciones occidentales con los pueblos nativos de las Américas. No todos los conquistadores se conformaron simplemente con criti-car en sus escritos las prácticas nativas; Vasco Núñez de Balboa, que en 1513 fue el primer europeo en cruzar el istmo de Panamá, le soltó los perros a cuarenta individuos no conformes con el género del pueblo de la Cueva Panameña al categorizarlos como "sodomitas" por presentarse como mujeres. Como lo expresó el historiador Genny Beemyn: "Los europeos no se pusieron de acuerdo en qué hacer con las culturas que reconocían a los géne-ros no binarios. A falta de roles institucionales comparables en sus propias sociedades, los etiquetaron con los aspectos que les resultaban familiares".[6] Esto, generalmente, quiso decir catalo-gar a cualquiera que expresara su género de un modo no conven-cional "sodomita" o "hermafrodita" —términos que no fueron precisos en su momento y ahora son inaceptables.

En los 1600, en las colonias que eventualmente se convertirían en las famosas trece,[a] varias personas fueron juzgadas por presentarse como un género diferente al que se les asignó al

---

a Grupo de colonias británicas establecidas en la costa este de América del Norte. (N. del E).

nacer. En Massachusetts, Mary Henly fue acusada por vestirse con ropas de hombre en 1692, después de que se presentara una queja porque "parecía confundir el curso de la naturaleza".[7] ¡Para el 1800, tantas personas estaban expresando su género de modos no convencionales a través de la vestimenta, que se escribieron leyes específicamente para prevenirlo! Presentarse en "vestimenta que no pertenece a su sexo" se convirtió en un delito penal, primero en Columbus, Ohio, en 1848, y luego en Chicago, San Francisco, Dallas, Denver, Detroit, Miami, y al menos en otras treinta y tres ciudades —con la legislación más reciente, decretada en 1974.[8]

Las personas transgénero realmente se volvieron visibles en 1953, cuando Christine Jorgensen volvió a los Estados Unidos luego de hacerse una cirugía de reasignación de género en Dinamarca.[b]

Christine había estado en el ejército; el 1 de diciembre de 1952, *el New York Daily News* publicó su historia en primera plana, titulada como "Excombatiente se convierte en una belleza rubia" y la catapultó al ojo público. Christine, que había sido vista menos como una amenaza que como un experimento interesante, publicó pedacitos de su historia en varias revistas y periódicos e hizo apariciones en programas de televisión nacionales, siempre defendiendo la aceptación de otras personas como ella.

Otro hito fue el del 28 de junio de 1969, cuando la policía intentó asaltar el Stonewall Inn con el argumento de que la taberna no tenía licencia de venta de alcohol válida.[9] Stonewall

---

b Aunque usamos el término "cirugía de reasignación de género" para referirnos a este proceso, este término salió de uso porque el género de la persona en realidad no está siendo cambiado o reasignado. En su lugar, la cirugía puede afirmar la identidad de género que la persona ya tiene. De manera similar, la frase "cambio de sexo" ya no se usa porque tiende a mezclar los conceptos separados de sexo y género.

era conocido como uno de los únicos lugares en la ciudad de New York donde los miembros de la floreciente comunidad LGTBQ+ podían juntarse a ser ellos mismos, a pesar del hecho de que la ciudad en ese momento tenía leyes que criminalizaban tanto la homosexualidad como la expresión de género no conforme a través de vestimentas. Durante este tiempo, las licencias de venta de alcohol eran revocadas intencionalmente en los bares de reunión LGTBQ+ a fin de tener razones para arrestar a los clientes y clausurar el lugar. Las redadas por toda la ciudad eran cada vez más comunes, y esa mañana de junio, algunos miembros de la comunidad decidieron que ya era suficiente. Entre los que pelearon hubo dos autodenominados *drags queen*: Marsha P. Johnson[10] y Sylvia Rivera,[11] además de una mujer transgénero llamada Miss Major Griffin-Gracy.[12] Ninguna de las tres era blanca —Marsha y Miss Major eran afrodescendientes y Sylvia, de ascendencia venezolana y puertorriqueña—, condición reflejada en su activismo.

Durante aquel tiempo, las etiquetas para las personas de género diverso evolucionaban rápidamente, y se ha debatido si Marsha P. Johnson y Sylvia Rivera se identificaron como transgénero o si esa etiqueta podría ser válida solo en la actualidad. Lo que sí sabemos es que trabajaron juntas para conformar Acción de Travestis Callejeros Revolucionarios (luego renombrados como Acción de Transgéneros Callejeros Revolucionarios), una organización que ayudaba alimentando, vistiendo y dando refugio a cientos de personas sin hogar, de diversos géneros, en la ciudad de New York. Miss Major, por su parte, posiblemente sea la anciana transgénero con vida más respetada, y continúa abogando por la justicia en nombre de las personas trans encarceladas alrededor del mundo, especialmente por los individuos de bajos ingresos y las personas de color.

Estas personas de género diverso que estuvieron presentes a lo largo de la historia nos ayudan a ubicar las reacciones sociales en contexto, así como nos dan algo de sentido del amplio rango de la diversidad humana. Pero ¿qué partes de nuestras identidades son construidas socialmente, y cuáles se pueden colocar en la categoría de "biológicamente inamovibles"?

Una cosa que podrás haber notado sobre las definiciones provistas en este capítulo, es que a veces usamos la palabra "sexo" y, a veces, "género". Muchos de nosotros hemos crecido intercambiando los términos —sobre todo si nos incomoda la palabra "sexo". De todos modos, conforme hemos llegado a entender más sobre las experiencias humanas con el género, ambos términos han llegado a significar cosas diferentes. La forma más fácil de pensar estas diferencias es diciendo que "el género es lo que está dentro de tu cabeza y sexo es lo que está entre tus piernas"; eso es, tu género es mental y emocional y tiene que ver con tu personalidad, mientras que tu *sexo* tiene que ver específicamente con las partes de tu cuerpo físico, como tus genitales y tus cromosomas sexuales. Esa distinción entre los dos términos ha sido un lugar bastante común para empezar los últimos cuarenta años,[13] pero más recientemente hemos encontrado que los humanos pueden ser más complejos que lo que permite esta descripción simplista.

Por ejemplo, podemos acordar que los roles de género y la expresión de género son diferentes en cada cultura. Se espera que los hombres aka de la República de África Central y República del Congo críen a los hijos, sean gentiles y pasen más tiempo abrazando y cuidado a los niños que cualquier otro hombre en otra sociedad del mundo.[14] Las mujeres de Mosuo, o Na, pueblos de China, la sociedad matrilineal más grande en la tierra, poseen toda las propiedades, son las guías de los negocios familiares y pasan las herencias de madre a hija.[15] Uno de los mejores ejemplos de cómo cambia la expresión de género en el tiempo viene del mundo Occidental, donde, a comienzos del 1900, vimos un cambio en el modo en que vestimos a los bebés. Hasta la Primera Guerra Mundial, era común vestir a todos los niños menores de seis años —sin importar su género— de blanco, ¡porque la ropa era más fácil de blanquear! Luego, alrededor de 1918, los grandes almacenes comenzaron a sugerir que vistieran a las niñas de azul y a los niños de rosa, porque "el rosa, un color más decidido y fuerte, es más adecuado para el niño; mientras que el azul, más delicado y refinado, es mejor para la niña".[16] No fue hasta los 1940 que los colores cambiaron de género en los Estados Unidos; hasta este día, los bebés varones son vestidos de rosa en algunos países europeos, como Bélgica.

Entonces, si bien la expresión de género y los roles de género se construyen socialmente, al menos de forma parcial, generalmente se ha pensado que el sexo es una construcción biológica que sería la misma, incluso si no tuviéramos presiones y expectativas sociales que nos moldeen. Después de todo, dentro del alcance de la concepción natural no tenemos la habilidad de controlar los cromosomas del bebé o el desarrollo de genitales específicos. Pero algunos investigadores, como Anne Fausto-Sterling, no están de acuerdo con esto. Ella argumenta que el sexo también se construye socialmente, porque no hay nada en la naturaleza que decida si los cromosomas XX y XY o los testículos y los ovarios deben clasificarse como masculinos o femeninos o algo completamente diferente. Es el humano que

hace la distinción y quien decide qué está dentro del rango de la
normalidad para una categoría en particular.[17] Este hecho queda
más claro cuando consideramos las formas en que históricamente
los niños intersexuales han sido manipulados quirúrgicamente
para que sus diferencias en el desarrollo sexual se ajusten a
nuestros propios niveles de comodidad, un problema del que
hablaremos más en el capítulo 4.

A fin de cuentas, si bien sabemos que el sexo y el género
son conceptos separados —el género refiriéndose al ser interno y
el sexo refiriéndose al ser externo—, no hay un consenso aún de
si estas dos categorías son enteramente biológicas o enteramente
creadas por los humanos.

Entre aquellos que creen que tanto el sexo como género
son enteramente biológicos, está el subconjunto de esencialistas
de género. El *esencialismo de género* es la creencia de que hay
diferencias innatas e inalterables entre los hombres y las mujeres
—que el hombre tiene cierta esencia masculina que lo hace ser
quien es, y que su esencia es el opuesto biológico y espiritual de
la esencia que tiene una mujer, que la hace ser quien es. De esta
posición surgen artículos de opinión sobre las diferencias entre
los cerebros de hombres y mujeres, con titulares como "¿Por qué
tu esposo no pregunta las direcciones: La sorprendente estructura del cerebro detrás de la habilidad de los hombres a pensar
espacialmente?". Todos hemos visto estos artículos sugiriendo
que el cerebro de los hombres es más experto en matemáticas
y ciencia, mientras que los cerebros de las mujeres son mejores para relacionarse con otras personas y cuidar a los niños. El
problema con este tipo de estudios es que usualmente no toman
en consideración los factores sociales que juegan un rol en todo

esto; por ejemplo, quizás tu esposo no pregunta por las direcciones no porque es más consciente espacialmente sino porque tiene
miedo de parecer débil o "poco hombre" frente a ti. Tal vez, las
mujeres son mejores en los cuidados del niño porque ha sido for-
zadas a ese rol de niñera y madre toda sus vidas, y se tenían que
volver buenas en eso para evitar ser avergonzadas por no ser "lo
suficientemente femeninas".

Claro, hay algunas diferencias visibles entre los cerebros
de los hombres y las mujeres cisgénero; por ejemplo, una cierta
cantidad de materia blanca o el número de conexiones neurona-
les en una región en particular puede ser más común en un sexo
que en el otro. Sin embargo, con todo, los investigadores están
llegando a la conclusión de que los cerebros de las mujeres y
hombres cisgénero son más similares de lo que parecía, y que
los estudios previos han sido o bien sesgados o han utilizado una
muestra demasiado pequeña.[18] En efecto, un estudio reciente basado en un gran número de escaneos cerebrales por resonancia
magnética arrojó que, aunque hubo diferencias entre los cerebros
de hombres y mujeres cisgénero, solo el 6 % estaban consistente-
mente diferenciados en un espectro masculino-femenino, mientras que la mayoría se veían estereotípicamente masculinos en
algunas regiones y estereotípicamente femeninos en otras, con
una curva de campana justo en el medio.[19]

Aunque estos estudios tendieron a exagerar las diferencias,
hagamos una pregunta científica más: ¿Dónde encajan los cerebros de las personas transgéneros en todo este espectro? Resulta
ser que la materia blanca en las tres regiones clave de los cerebros de los hombres trans era más similar a las de los cerebros
de los hombres cisgénero que a la de los cerebros de las mujeres

cisgénero.[20] De modo similar, la materia blanca en las cuatro regiones de los cerebros de mujeres trans era más similar a la de los cerebros de las mujeres cisgénero que a la de los cerebros de los hombres cisgénero.[21] Es importante notar que ambos estudios fueron hechos en personas transgénero antes de que iniciaran cualquier tipo de terapia hormonal. Lo que podemos deducir de todo esto es que partes del cerebro de las personas trans parecen coincidir con su verdadero sexo —en lugar del asignado—, aunque todavía no sabemos si esta diferencia es algo que existe cuando la persona nace o es algo que se desarrolla con el tiempo.

Por ahora, parece que la ciencia puede darnos destellos acerca de cómo las personas transgénero experimentan su propia identidad, y la sociología y la antropología pueden darnos un contexto cuando se trata de la experiencia humana en general. Pero ¿qué puede decirnos la teología de la diversidad de género? ¿Existe una doctrina que podría ayudarnos a entender por qué existen, en primer lugar?

3

¿Pecado, enfermedad o especialidad?

No sabemos por qué hay personas transgénero. Esto significa que aún no sabemos la razón medica o científica detrás del hecho de que un porcentaje de los humanos en la tierra —1,4 millones de adultos solo en los Estados Unidos—[1] tienen una identidad de género que no coincide con el sexo asignado al nacer. ¿Podría ser a causa de las hormonas a las que fueron expuestos en el vientre? ¿Podría estar causado por algún material genético travieso? Quizás tenga que ver con el modo en que están cableados nuestros cerebros en los primeros dos años de vida, cuando aprendemos mucho más rápido. O quizás hay algún tipo de componente aprendido que tiene que ver con el modo en que percibimos el género mientras crecemos. Tal vez, es una combinación de todas estas cosas. El hecho es que, de momento, es un misterio.

Pero así como tuvimos la historia del arcoíris después del diluvio de Dios incluso antes de comprender los conceptos de prismas y refracción de luz, el hecho de que todavía no conozcamos del todo la ciencia detrás del género no nos impide los intentos por entender nuestras identidades teológicamente. Algunos cristianos las ven como pecaminosas. Otros ven a las personas que experimentan disforia de género no como algo moralmente malo o bueno, sino como un grupo con alguna clase de enfermedad mental. Un tercer grupo ve el hecho de ser transgénero tan solo como otra expresión de diversidad en la creación. Así que, ¿cuál es? ¿Ser trans es un pecado, una enfermedad o una especialización?

En 2015, el psicólogo Cristiano Mark Yarhouse publicó un libro en el que ahondó profundamente en estos puntos de vista diferentes. En *Understanding Gender Dysphoria: Navigating Transgender Issues in a Changing Culture [Entender la disforia de género: navegando los problemas trans en una cultura cambiante]*, Yarhouse formalizó una estructura de tres partes para entender cada una de estas creencias, esperando habilitar que las personas que sostienen diferentes posiciones tengan conversaciones productivas al respecto. Echemos un vistazo a cada uno de los marcos —los expositores y la teología que los respalda— para tratar de tener un mejor sentido de dónde estamos en esta discusión.

Yarhouse denomina a su primer modo de entender las identidades trans "el marco de integridad".[2] Alguien que adhiere a este marco considera el conflicto entre el sexo asignado y la identidad de género como pecaminoso porque se mete con aquello que cree que es la naturaleza estrictamente masculina o femenina que Dios nos dio a cada uno. En esta visión, las personas transgénero existen porque la gente está destinadas a ir por mal camino, y los que proponen este punto de vista tienden a ver todo intento de moverse del sexo asignado como una rebelión contra lo que Dios ordenó. Yarhouse pone a Robert Gagnon, un teólogo reconocido por su obra condenatoria de las relaciones entre personas del mismo sexo y las sexualidades marginadas, como ejemplo de alguien que cree que el género está predeterminado y grabado en piedra.

Para Gagnon, la raíz del problema con las identidades trans

está relacionado con la complementariedad de género. Cree que "solo hay dos sexos primarios: 'masculino y femenino' u 'hombre y mujer'", y que "el coito sexual representa la fusión de las dos mitades del espectro sexual. Lo que el hombre trae a la mesa, por así decirlo, a la unión sexual es su masculinidad esencial; una mujer, su feminidad esencial".[3] Los complementarios del género creen que "las distinciones de los roles masculinos y femeninos están ordenados por Dios como parte del orden creado, y deberían encontrar un eco en cada corazón humano".[4] Por lo tanto, alguien cuya identidad de género difiere de su sexo asignado presenta un problema.

O, más bien, presenta dos problemas. La primera cuestión, según el marco de integridad, es que la persona trans no está complementando el rol de género ordenado, así decidido por su sexo asignado, en la vida cotidiana. Los hombres deben ser protectores, proveedores y líderes; las mujeres deben ser cuidadoras, asistentes y sumisas al liderazgo de los hombres de su vida.

El segundo asunto es que la complementariedad de género requiere que cada persona se empareje sexualmente con alguien del sexo opuesto. Pero ¿cuál es el género opuesto de una persona no binaria? ¿Un hombre trans debería salir con un hombre cisgénero (en cuyo caso, su relación podría ser vista como gay) o con una mujer cisgénero (en cuyo caso, el hombre trans debe ser reconocido como hombre)? En el momento en que una persona trans trata de existir en la estructura de complementariedad de género, las cosas se empiezan a enredar.

La respuesta desde la perspectiva del marco de integridad es que cualquiera que tenga una identidad de género que no coincida con su sexo asignado necesita encontrar una manera en que la identidad de género se alinee con este. La persona trans es alentada a ver la disforia y la batalla interna entre su identidad de género y su sexo asignado como su cruz particular que debe cargar o como parte de la carne que debe ser crucificada con el fin de convertirse en una nueva creación en Cristo. La divergencia del rol asignado es considerado pecaminoso, algo de lo que, necesariamente, hay que arrepentirse.

No es sorprendente que las personas transgénero que viven en este contexto, ya sea por elección o porque no hay otras opciones disponibles, a menudo se encuentren llenas de vergüenza y odio a sí mismos.[5] Puedes empujar la roca cuesta arriba por la colina solo unas cuantas veces antes de darte cuenta de que, no importa lo mucho que te esfuerces y reces, esa piedra rodará de nuevo hacia abajo.

La verdadera fortaleza del marco de integridad es que se enfoca en la autoridad bíblica y el deseo de seguir la voluntad de Dios en nuestras vidas. Para la mayoría de los cristianos, incluyendo a los cristianos trans, esos dos factores son increíblemente importantes. Pero ¿qué si en realidad la Biblia no retrata a la humanidad tan fehacientemente dividida en hombres cisgéneros y mujeres (un tópico que discutiremos en profundidad en el capítulo 4)? ¿Qué si los roles de género que alaba el marco de integridad no están tan ordenados divinamente sino más humanamente (algo que discutiremos en el capítulo 5)?

El segundo marco que introduce Yarhouse se llama "el marco de discapacidad". Explica que "la disforia de género es vista como el resultado de vivir en un mundo caído en cuya condición —como en tantos problemas de salud mental— es una realidad no moral".[6] Yarhouse duda de referirse a las personas como transgénero. Como psicólogo y mayor exponente de esta postura, no considera que las personas tengan una identidad trans, sino que los ve como individuos que, de momento, están luchando con una condición de salud mental en la forma de disforia de género. Explica: "La persona puede tener que realizar ciertas elecciones que están asociadas con su respuesta a los síntomas o al enfoque general del tratamiento… y esas elecciones pueden tener dimensiones morales y éticas, pero su condición no es la que eligieron; es decir, no son moralmente culpables por tenerla".

Este cambio en el estatus moral es la diferencia central entre el marco de integridad y el marco de discapacidad. En el primero, la persona transgénero está desobedeciendo deliberadamente a Dios; en el último, son meras víctimas del pecado original como todo otro ser humano. La distinción podría causar un giro radical en las actitudes hacia las personas trans, porque significa que pueden recibir un cuidado pastoral compasivo que no los avergüence por sus pensamientos, sentimientos y experiencias internas. Yarhouse trabaja duro con el fin de crear un puente para ayudar a mover a los cristianos de una visión acusatoria a una visión compasiva y, para algunas personas trans, ese viraje puede salvar vidas, en última instancia.

Con respecto a la relación entre la disforia de género y la Caída, Yarhouse dice: "Creo que la Caída puede ser vista en la falta de congruencia entre el sexo de nacimiento y el sentido psicológico de identidad de género, particularmente cuando esto es lo suficientemente fuerte como para generar angustia y perjuicio".[7] Teológicamente, tiene sentido considerar a las cosas que causan dolor y sufrimiento en nuestro mundo como resultado de la Caída y de la desobediencia de la humanidad luego de la creación, pero no todo sufrimiento es igual. Por ejemplo, si un tornado arrasa tu ciudad y destruye tu casa, el sufrimiento que experimentas no es tu culpa, tampoco acusas a nadie. Los desastres suceden, y, como dijo Jesús cuando cayó la torre de Siloé, aquellos lastimados en tales circunstancias no son peores pecadores que cualquier otro.[8] Luego hay una clase de sufrimiento que podrías experimentar si tratas de darle un puñetazo a una pared de ladrillos. Ese tipo de sufrimiento es tu propia culpa, y, en un caso como ese, puede haber un problema interno en el que te vendría bien algún tipo de asesoramiento terapéutico. Históricamente, hemos entendido el odio y la rabia como derivados del pecado, y así, si golpeabas la pared motivado por alguno de esos sentimientos, entonces, teóricamente, podríamos unir tu sufrimiento a la Caída. Experimentarías una tercera clase de sufrimiento si un extraño viniese hacia ti en la calle y te diera un puñetazo en la cara sin ninguna provocación o interacción previa. En este caso, tú no hiciste nada malo, y aunque el pecado podría estar involucrado, sería estrictamente responsabilidad del extraño. Este último tipo de sufrimiento —el que viene a nosotros desde una fuente externa— es el que tienden a experimentar más seguido las personas transgénero.

Las poblaciones trans experimentan altas tasas de depresión, ansiedad, abuso de sustancias y suicidio. Por esto, algunas personas han intentado argumentar que están inextricablemente e inherentemente vinculadas a la enfermedad mental. Como aprendimos en el capítulo 1, estos asuntos están directamente atados al estrés de las minorías —eventos o condiciones que las poblaciones minoritarias experimentan, que exceden la habilidad promedio de una persona para resistir, y por lo tanto puede causar enfermedad mental o física.[9] Estos eventos y condiciones pueden incluir falta de estructuras sociales que incluyan a personas, como tú; falta de acceso a instituciones y recursos a causa de tu identidad; experimentar abuso verbal, físico, o mental por tus diferencias; ser objeto de estereotipos; internalizar los puntos de vista negativos de otras personas; y falta de esperanza en que estas condiciones cambien en el futuro. Podemos ver un ejemplo distinto de este tipo de estrés en estudios de la juventud LGTBQ+ que encuentran que "mientras más grande sea la expectativa de un joven al rechazo basado en su identidad sexual/de género, más proclives son en reportar síntomas de ansiedad, depresión y planificación de suicidio".[10]

Mientras que el estrés de minorías es un factor que todas las personas marginadas experimentan, diferentes grupos lo viven de maneras únicas. Para las personas trans, el estrés de minorías puede ser agrupado en cuatro categorías generales: rechazo, no reafirmación, victimización y discriminación.[11] Esas experiencias sangran en el sentido interno de una persona y conducen a la transfobia internalizada, a expectativas de reacciones negativas de los demás y al sentimiento de que debe ocultar quién es y qué siente. Considerando toda esta presión, no es sorprendente que las personas trans estén sufriendo, pero el sufrimiento que experimentamos no es el pecado original manifestándose en nosotros. Es el efecto de la caída manifestándose en el modo en que se tratan los seres humanos entre sí.

Pero ¿qué pasa con la lucha interna que siente una persona transgénero entre el sexo que le asignaron al nacer y el que sabe que es? Algunas personas trans consideran que son solo expectativas de género que otros tienen para con ellas lo que causa el problema. Estas expectativas comienzan cuando el sexo es asignado por otra persona al nacer, y continúa a lo largo de la vida, ya que la gente a su alrededor insiste en ese sexo asignado. Para ellos es realmente un problema externo causado por otros, que luego es internalizado.

Para otro grupo de personas trans, la disforia de género que sienten existiría aun si los pusieras es una isla desierta. En estos casos, la angustia suele tener que ver con la no coincidencia entre el cuerpo y el sentido sobre sí mismo. Este es el único punto donde posiblemente podría ser justificable pensar en la disforia de género como producto de la Caída —las personas trans experimentan un sufrimiento que no es ni infligido por sí mismas ni causado por otros. De todos modos, que este sufrimiento haya sido causado por el pecado original no quiere decir que el distanciamiento de la persona del dolor hacia la afirmación de su identidad de género sea pecaminoso. Sería como considerar que las imperfecciones en la vista están relacionadas con la Caída, por ejemplo; lo que no significa que ponerse gafas esté mal (hablaremos más sobre esto en el capítulo 11).

El mayor error en el marco de discapacidad es que se rehúsa a reconocer las diferentes clases de sufrimiento que experimentan las personas transgénero. Al asumir que todo sufrimiento que experimentan es resultado de la identidad trans, el marco de discapacidad les quita toda la responsabilidad a los individuos e instituciones que tanto daño causan a la comunidad. En su lugar, al observar a las personas transgénero a través del lente clínico, sugiere que deben cambiar para encajar en el molde, en lugar de cambiar el molde que los comprime.

Yarhouse, al empezar asumiendo que los géneros binarios masculino y femenino son ordenados por Dios, sugiere que el tratamiento en el marco de discapacidad tiene que ver con aliviar

a las personas trans de su disforia, a la par de intentar que encajen de nuevo en el molde del género esperado. "Veo el valor en
alentar a los individuos que experimentan disforia de género a resolver la disforia manteniendo su sexo de nacimiento —explica
en su capítulo de prevención y tratamiento—. Mientras que esas
estrategias no han sido exitosas, hay un valor potencial en manejar la disforia a través de expresiones menos invasivas (recono-
ciendo la cirugía como el paso más invasivo hacia la expresión
del sentido interno de la identidad)."[12]

Para aquellos que desean manejar la disforia de género encontrando una manera de identificarse con su sexo asignado, los
métodos de Yarhouse pueden ser de ayuda. Obviamente, un terapeuta que trabaje compasivamente con un paciente para ayudar
a tratar con experiencias difíciles es mejor que uno que intente
motivar y cambiar al paciente a través de la culpa y la vergüenza.
Pero, para los compañeros trans que desean hacer la transición
—ya sea social o clínicamente— este marco puede ser, al menos,
frustrante —por no decir dañino. Aunque Yarhouse puede no estar desalentando activamente a nadie que quiera transicionar, si
eso es lo que quieren, el marco de la discapacidad trata inherentemente las identidades de los trans como una enfermedad que
debería ser curada y, en manos de otros practicantes de la salud
mental, se puede convertir rápidamente en una excusa para las
llamadas "terapias de reparación". Tal como conocemos por el
caso de Leelah Alcorn, este tipo de tratamiento puede guiar a
daños irreversibles, especialmente para niños y jóvenes.

Pero ¿qué si hubiera otra opción? El "marco de diversidad"
es el tercer ejemplo de los modos en que podríamos ver las identidades trans que propone Yarhouse. Explica que este modelo

"subraya los asuntos transgénero como reflejo de una identidad y cultura para celebrar como una expresión de la diversidad".[13] Más que ver a los compañeros trans como personas pecaminosas rebeladas contra Dios o como personas con problemas mentales que necesitan tratamiento que los ayude a reorientarse hacia su sexo asignado, el marco de la diversidad sugiere que las diferencias en las identidades de género podrían ser una variación natural en un mundo vibrante.

Antes de adentrarnos en los detalles de cómo entiende este marco a las identidades trans, vale la pena notar los resultados de esta estructura que afirma las identidades diversas. A diferencia de los resultados producidos por los otros dos marcos —donde los puntos de vistas religiosos que no valoran la diversidad están unidos a comportamientos suicidas en la juventud transgénero—, el apoyo proveniente del marco de la diversidad ha mostrado que puede reducir los niveles de depresión y ansiedad en niños transgénero.[14] Solamente esto hace que valga la pena tomar como opción seria al marco de la diversidad.

Hablemos sobre teología y biología. A menudo, los Salmos describen a la creación como un testamento de la existencia, amor y poder de Dios —desde las estrellas en el cielo hasta las montañas, los árboles frutales, los pájaros y las pequeñas criaturas que se arrastran. Podemos ver a Dios trabajando en todo el cosmos, desde los espirales en nuestras huellas dactilares hasta las galaxias circulares que existen a años luz de distancia. Cuando observamos el mundo en que vivimos, es difícil no notar las increíbles diferencias entre especies a través del tiempo y el espacio. El salmo 104 es conocido por ser un himno a este tipo de biodiversidad, en donde el salmista se regocija en la forma en que Dios hizo las cigüeñas, los conejos, los leones e incluso los monstruos marinos, y les ha dado a cada uno un hogar en su entorno particular.

A medida que observamos la creación, también encontramos un enorme rango de diferencias físicas y sociales cuando toca el turno del sexo y el género. De hecho, los términos "sexo" y "género" significan cosas ligeramente diferentes para los biólogos que lo que quieren decir para los sociólogos y teólogos. Para aquellos que estudian la fisiología y el comportamiento animal, "sexo" se refiere a cómo un animal produce gametas o células sexuales. Un biólogo categorizará las gametas que produce un animal según corresponda —como masculinas si produce gametas pequeñas, y como femeninas si produce gametas grandes, y como hermafrodita si produce ambas. En los humanos esas gametas pequeñas se llaman espermatozoides, mientras que las gametas más grandes se llaman óvulos, aunque no consideramos que la producción de cualquiera de esas cosas sea el único factor determinante en nuestra asignación de sexo.

A lo largo de la creación, hay muchas clases diferentes de plantas y animales que cambian una y otra vez entre masculinas y femeninas —o entre la creación de gametas pequeñas y grandes— durante su vida. Los lábridos de cabeza azul, por ejemplo, son un tipo de pez que parece tener tres sexos distintos.[15] Cuando los peces son jóvenes, son asexuados; pero al madurar, alrededor de un tercio se convierten en machos, un tercio en hembras, y la última parte desafía nuestra categorización usual. El último tercio empieza una vida en un estado asexuado (no produce gametas); luego, madura para ser hembra y portar huevos, y finalmente cambia de sexo y empieza a producir células espermá-

ticas. ¡Se vuelven de color azul y crecen más que los machos
originales que nunca cambiaron! Los científicos notaron que las
diferencias en el hábitat del lábrido de cabeza azul influyen de
tal manera que, a veces a los machos "originales" se reproducen
más, mientras que, en otros momentos, los machos que antes fueron asexuados son más exitosos. Cuando un cardumen de lábridos vive entre pastos marinos, donde los machos pequeños y que
nunca cambiaron pueden esconderse mejor, tienden a fertilizar
más huevos; pero cuando se encuentran en un arrecife de coral,
donde todo está al descubierto, los machos más grandes (antes
asexuados) lucharán contra los machos sin cambios y triunfarán
en la capacidad de engendrar sus propios hijos. Esta diversidad
de sexo significa que el lábrido puede vivir en diferentes ambien-
tes, y que donde quiera que vivan, ¡prosperan!

Claro que los humanos no son peces, y las personas transgénero no tienen la opción de cambiar el tipo de gametas que
producen sus cuerpos, pero los científicos están empezando a
sospechar que la diversidad que vemos en el sexo y el género en
humanos quizás sea beneficiosa para nuestra especie. En 1975, el
biólogo E. O. Wilson escribió *Sociobiology: The New Synthesis
[Sociobiología: la nueva síntesis]*, en donde puso de manifiesto
la hipótesis de selección de parentesco que se usó por primera
vez para explicar por qué existen tantas personas gay, lesbianas y
bisexuales, cuando la mayoría de los compañeros LGB no trans-
mitían sus propios genes a través de la procreación. La hipótesis
de selección de parentesco surge del hallazgo de que más niños
sobreviven y prosperan cuando tienen tías y tíos LGB. Esto es
porque muchas manos son mejor que algunas, como dice el dicho. Los padres que crían un niño, a menudo se benefician de
tener una tercera persona para ayudar, y esa persona estará más

disponible para ayudar si no tienen hijos propios. A cambio, la persona LGB que no está transmitiendo sus genes, ayuda a pasar los genes que comparte con sus hermanos. Básicamente, las familias que incluyen miembros LGB pueden permitirse el tiempo y la atención que conlleva una mejor crianza y cuidado de los hijos. ¡Algo que beneficia a todo el grupo!

Estos mismos beneficios ahora parecen aplicar a las personas transgénero y a sus familias dentro de las culturas que apoyan y valoran a los compañeros trans. Varios estudios hechos con los *fa'afafine* —el tercer género identificado del pueblo Samoa— confirma lo que la hipótesis de selección de parentesco sugirió por primera vez: que las personas transgénero que son aceptadas en sus familias están más dispuestas a invertir en sus sobrinas y sobrinos que otras relaciones cisgénero.[16] De igual manera, esto significa que las familias que aceptan e incluyen a sus hijos y hermanos transgénero son más proclives a prosperar juntas.

Así que, si reconocemos la diversidad en la creación y vemos que las personas trans cuya identidad es aceptada tienen mejores resultados en salud mental, y también vemos que los grupos que aceptan miembros transgénero tienden a tener éxito, ¿por qué no todos aceptan el marco de la diversidad? En su descripción de este punto de vista, Yarhouse dice:

> Los cristianos evangélicos son comprensiblemente cautelosos con el marco de diversidad. Los evangélicos ven entre aquellos que adhieren al marco de diversidad un pequeño pero bullicioso grupo que llama a la deconstrucción de las normas relacionadas con sexo y género. Describo esos esfuerzos como una forma fuerte del marco de diversidad (como contraste con una forma débil

> que se enfoca primordialmente en la iden-
> tidad y la comunidad)... Tales afirmaciones
> desafían no solo las normas de género que
> han sido ampliamente entendidas como
> construidas socialmente, sino también al
> binario sexual como algo fijo y estable, vin-
> culado a una visión esencialista con funda-
> mentos biológicos.[17]

Sin simplificar demasiado el argumento, parece que el mayor obstáculo para muchos cristianos cuando se trata del marco de diversidad es la creencia de que el sexo biológico es algo claro y concreto, y decretado divinamente. Yarhouse continúa diciendo que si bien la "forma fuerte" del marco de diversidad es inaceptable para la mayoría de los cristianos evangélicos; por esta razón, la "forma débil", que da a las personas trans un sentido de identidad y comunidad, puede llegar a ser considerada. Al final, aboga por un "marco integrado" que toma lo mejor que cada categoría tiene para ofrecer y crea un espacio en donde las personas que suscriben a cada uno de estos tres lentes puede tener una conversación.

En los siguientes capítulos, escucharemos historias de cristianos transgénero cuyas vidas hoy son muy afectadas por estos lentes y las conversaciones alrededor de ellos. Observaremos el libro de Génesis y las primeras ilustraciones del sexo y el género, y exploraremos la reacción de Dios a las personas que dibujaron esas líneas. Viajaremos junto a los israelitas en el desierto; conoceremos una de las primeras conversiones al cristianismo y bucearemos en las cartas de Pablo. Nos preguntaremos si el género está realmente grabado o no en piedra y si Dios ordena algún tipo específico de conformidad de género.

Espero que, conforme ingreses a estas conversaciones, continúes haciendo preguntas. Que sigas imaginándote qué significa ser parte de una fe que tiene una historia tan rica, y qué quiere decir ser parte de una familia de fe que incluye tantas clases diferentes de personas. ¿Cuándo nos aferraremos a las preciadas ideas sobre el mundo y cuándo lo dejaremos ir? ¿Cuándo nos plantaremos junto al río de la verdad, y cuando admitiremos que, por ahora, tan solo vemos a través de un vidrio oscuro? Y lo más importante: ¿cómo podemos amar mejor a Dios, a nuestro vecino y a nosotros mismos?

Para averiguarlo, necesitamos regresar al mismísimo principio.

Segunda Parte

4

Y Dios dijo: "Que exista el pantano"

Dios, en el principio, creó los cielos y la tierra.
—Génesis 1:1 (NVI)

Cuando era pequeño, leía estas primeras palabras en mi Biblia para niños una y otra vez —no porque las encontrara interesantes, sino porque siempre que retomaba un libro tenía que volver a leer desde el principio, y con la Biblia parecía que nunca podía ir más allá del arca de Noé antes de perder interés.

También me gustaba la primera historia en mi Biblia ilustrada porque tenía algunas de las mejores ilustraciones. En una página había un amistoso sol anaranjado, y en la página opuesta una luna amarilla brillante y estrellas resplandecientes. Luego venía un océano con grandes olas, frente a una página que retrataba montañas y bosques. Las distinciones que Dios hizo mientras creaba el universo eran obvias, incluso en una Biblia para niños. Cada parte del mundo estaba dividido en lados y opuestos. Para un niño al que le gustaba el orden y la organización, la historia de la creación en Génesis 1 era simplemente perfecta. Había un lugar para cada cosa, y todo estaba acomodado.

Este tipo de estructura en la Biblia fue algo que aprecié hasta mis diez años, cuando empecé a tener un mejor sentido de cómo la vida a veces se sentía un poco más compleja de "blanco o negro". Biológicamente hablando, aprendí que el mundo no está separado solo entre la tierra y el mar; también hay pantanos, estuarios y arrecifes de coral. Personalmente, cuando empecé a investigar más sobre mi propio sentido de la identidad de género, me pregunté si todas las personas estaban realmente divididas en masculinas y femeninas, como Génesis 1 parecía decir. Por mucho tiempo pensé que era la única persona preocupada por esta separación de género bíblica. No sabía que había otras personas al otro lado del país preguntándose lo mismo.

M. Barclay nació y se crió en Pensacola, Florida, que era, como lo describe, "prácticamente Alabama del sur". Creció en la Iglesia Metodista Unida, pero no estaba particularmente inmersx[a] en los ideales políticos y teológicos conservadores que tenía alrededor. "La idea de lo queer o lo trans no estaba ni remotamente en mi radar —me explicó, mientras caminábamos una noche—. Me sentía diferente, pero no conocía ninguna persona gay. Nadie hablaba de eso".

Cuando M estaba en la secundaria, se unió a unos amigos que iban a un grupo de jóvenes en una gran iglesia no denominacional en el pueblo. No encontró bancos de iglesia, sino sillas y sillones cómodos. No cantaban himnos, sino canciones de adoración. Sentía como si la fe surgiera fresca y nueva, y se sintió atraídx como la abeja a la miel. Cerca del final del secundario empezó a discernir un llamado al ministerio, pero la iglesia a la que M ahora iba no aprobaba a las mujeres en el ministerio; así que, como alguien asignadx mujer al nacer, M se topó con una pared de ladrillos. "Me dijeron 'las mujeres no puede ser orde-

---

[a] M. Barclay al igual que otras personas de la comunidad LGTBIQ+ usa ciertos pronombres para denotar su identidad no binaria (propios de la lengua inglesa). En español nos serviremos de la "x" en reemplazo de la "o" y la "a" propias del masculino y femenino respectivamente. (N. del T)

nadas'. Así que me tomó dos años, incluso siendo considerada una mujer cisgénero heterosexual, vencer esas barreras básicas de género'".

Aunque M no estaba del todo consciente de su identidad trans en este punto, la barricada que enfrentaba se convertiría en algo muy familiar. "Esa fue la lucha constante: me sentía súper llamadx al ministerio, pero las personas decían que la Escritura decía que mi llamado no era algo acertado", cuenta.

Así que halló su camino de vuelta a la tradición metodista, donde las mujeres están habilitadas a predicar hace siglos; desde Sarah Mallet en 1787 y Sojourner Truth en 1827 hasta Maud Keister Jensen, la primera mujer en recibir los derechos plenos de clero, en 1956.[1] "Muchas personas en la Iglesia Metodista me estaban ayudando a luchar a través de todo eso —explica M—. Había mujeres metodistas que eran pastoras, y yo realmente quería participar con ellas, así que eso es parte de lo que me trajo de vuelta".

La fe de M se profundizó en la universidad conforme buceaba en la teología y conocía personas por fuera de la burbuja cristiana conservadora. Empezó a estudiar la Biblia a través de los lentes histórico-críticos, que buscan entender el mundo bíblico y las intenciones detrás del texto en el lenguaje original, más que tomar cada palabra literalmente como la leemos en nuestro idioma hoy día. Mientras leía las obras de los académicos y clérigos de todos los tiempos, se volvió claro que había más de una forma de leer e interpretar las Escrituras. Este fue un descubrimiento increíble y confuso para M, ya que se dio cuenta de que no todo lo que le habían enseñado de joven era un hecho indiscutible. También le abrió los ojos a la posibilidad de que la aceptación o rechazo de Dios a las personas LGBTQ+ podría no ser un caso cerrado, como alguna vez pensó.

Poco después de egresar de la universidad, se embarcó en un seminario de entrenamiento. Su llamado al ministerio estaba más fuerte que nunca, pero internamente luchaba con sus creencias sobre las identidades *queer* en el medio de una vida de fe. M explica:

> Uno de los cambios más importantes para mí en términos de entender las identidades vino cuando estaba en el seminario. Recuerdo un momento clave, ver a mi mejor amigo salir del clóset. Él es un chico gay, y yo estaba casi a punto de aceptar plenamente a las personas LGTB, pero aún no lo había trabajado del todo, teológicamente hablando. Sin embargo, al verlo revitalizarse durante su proceso de revelación, simplemente cerré el trato. La salida del clóset de mi amigo no se oponía a mi entendimiento de Dios como amor, como Aquel que crea, como quien nos da la vida.

Luego de presenciar esto, el parámetro de M para medir una vida de fe fue cambiado. "Mi entendimiento de la Escritura comenzó a filtrarse a través de la pregunta 'Este comportamiento, identidad o modo de ser en el mundo, ¿crea vida dentro de una persona o dentro de una comunidad?'".

Cuando leemos acerca del modo en que Dios crea vida en Génesis 1, empieza con la separación de la luz y la oscuridad y, por extensión, la creación del día y la noche. Luego, divide las aguas del abismo en dos categorías: las aguas de arriba del cielo y las aguas de abajo. Más adelante, las aguas debajo del cielo son separadas para crear dos dominios: la tierra y el mar. Dios llena el cielo con pájaros, el mar con peces y otras criaturas oceánicas, y la tierra con plantas y animales terrestres. Con cada acto de creación, desde el versículo 1 al 25, Dios separa, categoriza y trae orden del caos.

Para el pueblo hebreo del mundo antiguo, estos actos de separación y orden eran íntimamente familiares. Las leyes de la Torá que los definían e identificaban como el pueblo de Dios estaban basadas en estos actos de separación entre lo sagrado y lo profano, y entre lo loable y lo abominable. En Deuteronomio 15, un capítulo lleno de ejemplos de este tipo de separación, encontramos uno de los mandamientos concernientes a la comida que Dios le da al pueblo hebreo. En Deuteronomio 14: 9-10 leemos que las criaturas del mar que tenían escamas y aletas podían comerse, pero si solo tenían *una* de esas características, eran consideradas impuras y no comestibles.

Académicos y líderes judíos han debatido el razonamiento detrás de las leyes que Dios despliega en los primeros cinco libros de la Biblia, y hay docenas de teorías plausibles. Lo que es obvio es que reglas como estas no solo le hicieron más fácil identificar al pueblo de Dios la comida buena de la comida posiblemente peligrosa, sino que también crearon cajas ideológicas que ayudaron a las personas a entender el mundo que las rodeaba.

Entonces, imagínate que eres un pescador hebreo antiguo. Un día estás echando tus redes al mar. Cuando la recoges, encuentras algunas sardinas, algunas medusas y una langosta. Das un vistazo a las escamas y aletas de la sardina y piensas "pescado". Sin lugar a dudas, sabes que es un pez, y es bueno para comer. ¿Pero si nunca has visto una medusa o una langosta? ¿Son peces? Bueno, no ves ninguna escama o aleta, por lo tanto están fuera de la categoría "pescado", y no las puedes comer. Aunque puedes vivir toda tu vida sin experimentar la maravilla de la cola de langosta con manteca y ajo, también te salvas de que la medusa te pique los labios.

Estas distinciones mantenían a salvo a las personas y les ayudaba a ordenar el mundo. Dado que aplicaban a cada parte de la vida —desde el grano de trigo en los campos, la mesa del almuerzo y hasta los sacrificios del templo— no es sorprendente encontrar el mismo tipo de separación en el relato de la creación de Génesis 1. Casi todo este primer capítulo trata sobre dualidades como luz y oscuridad, tierra y cielo, tierra y agua. Luego, llegamos al versículo 27:

> Y Dios creó al hombre a su imagen;
> lo creó a imagen de Dios,
> los creó varón y mujer.

Basados en las dualidades que hemos visto en este capítulo, no es una sorpresa encontrar a los humanos divididos en dos grupos: varón y mujer los creó Dios. Pero este versículo no desacredita otros sexos o géneros; no más que lo que el versículo sobre la separación del día de la noche rechaza la existencia del amanecer y el anochecer. Como lo expresa M. Barclay, "el capítulo habla sobre la noche y el día, la tierra y el agua; pero tenemos el anochecer y tenemos pantanos. Estos versículos no quieren decir 'solo existe la tierra y el agua, y no hay ningún lugar donde se encuentren'. Los binomios que leemos aquí no están destinados a hablar de toda la realidad; nos invitan a pensar sobre todo lo que está entre ellos y más allá". Del mismo modo en que nosotros llamamos a Dios el Alfa y el Omega —lo cual implica todo: lo primero, lo del medio y lo último—, el autor de Génesis 1 solo usa el mismo dispositivo poético dual para acorralar la diversidad infinita de la creación en categorías que podamos entender fácilmente.

La realidad es que, desde que el humano existe, han habido personas fuera del binomio varón/mujer. En una historia de creación Sumeria, otra sociedad mesopotámica vecina a lo que después sería Israel, encontramos referencias del 1600 a. e. c.[b] de humanos creados con órganos sexuales que no son inmediatamente identificables como "masculino" o "femenino".[2] En la Mishná y el Talmud, las compilaciones judías de la ley oral confeccionadas entre el 200 e. c. y el 500 e. c.,[c] vemos varios ejemplos de individuos que no encajaban en las categorías de mujer u hombre dentro de la cultura judía, incluyendo aquellos cuyo sexo es indeterminado, aquellos que tienen características de más de un sexo, y aquellos cuyas características cambian con el tiempo.[3] Esto nos dice que incluso los descendientes de los hebreos que registraron Génesis 1 no necesariamente asumieron que las categorías de género o sexo que se ven en el versículo 27 lo abarcaban todo.

En tiempos de los romanos y griegos, a las personas que nacían con características sexuales indeterminadas o ambiguas se les llamaba hermafroditas por un dios griego que exhibe rasgos tanto masculinos como femeninos. En la actualidad, las per-

---

b Antes de la era común. Designación científica para dividir las eras que comúnmente son conocidas como "antes y después de Cristo". (N. del E).

c Era común.

sonas con una combinación de diferentes características sexuales se identifican a sí mismas como intersexuales, y sabemos que ellxs son entre el 0, 018 % y el 1,7 % de la población mundial.[4] A lo largo de la historia, los médicos han intentado "arreglar" a los infantes intersexo a través de intervenciones quirúrgicas antes de que el niño pueda tomar sus propias decisiones, y a veces incluso sin el conocimiento o consentimiento de sus padres.

Afortunadamente, los defensores intersexuales de todo el mundo finalmente están viendo los resultados positivos de su impulso a la autodeterminación, y grupos como la Sociedad Intersexual Estadounidense están ayudando a frenar la modificación de bebés identificados como intersexuales al nacer. Todo esto empieza a decirnos que las interacciones entre los cromosomas, producción de hormonas y psicología son mucho más complicadas de lo que alguna vez pensamos. No todas las personas nacen hombre o mujer; si tratamos de imponer ese binarismo, nos ponemos en la posición de afirmar que sabemos más que Dios. De hecho, como lo expresa la teóloga y especialista en asuntos intersexuales Megan DeFranza: "El modelo [sexual] simplista binario ya no es suficiente. Es deshonesto a la diversidad de las personas creadas a imagen de Dios".[5]

Cuando intentamos poner a la creación de Dios en una caja a la luz de Génesis 1: 17 y esperamos que cada persona en la tierra se alinee a él, le estamos haciendo la pregunta equivocada al texto. Si Génesis 1 estaba destinado a describir al mundo tal cual es, ¡los autores bíblicos hubieran necesitado un rollo de miles de kilómetros! Gracias a Dios no tenemos que arrastrarnos versículo tras versículo, leyendo la Biblia como si fuera un manual de taxonomía que enlista una criatura tras otra desde el elefante hasta el paramecio. Del mismo modo que no esperaríamos que los astrónomos introdujeran cosas como cometas y agujeros negros en las categorías de sol o luna, no deberíamos esperar que todos los humanos encajen en las categorías "masculino" y "femenino" solo porque esos son los únicos dos mencionados en Génesis 1. En lugar de pedirle al texto que defina y etiquete todo lo que hay, podemos pedirle a Dios que hable en el espacio entre las palabras, entre los tiempos bíblicos y nuestro tiempo, y entre categorías que vemos como opuestas.

Cuando le pregunté a M. Barclay si se identificaba con el concepto de lugares intermedios en el espacio y el tiempo, su respuesta me sorprendió. Siempre había asumido que todas las personas no binarias se identificaban en algún lugar entre lo masculino y lo femenino, y, como me explicó M, esa es una idea errónea bastante común. En el momento en que el término "no binario" se convirtió en una manera simple de referirse a alguien que no tiene una identidad de género estrictamente femenina o masculina, pasó a ser intrínsecamente defectuoso. "Decir que eres innatamente no binario sugiere que existe un binarismo, y mi punto es que no existe tal cosa —clarificó M—. Hemos creado esta fórmula y forzado nuestro entendimiento de género en ella".

En vez de verse como a mitad de camino entre hombre y mujer, M y muchas otras personas no binarias se identifican como algo completamente diferente.

"Estoy muy convencido de hablar sobre mi propia identidad no binaria no como un 'intermedio', sino como 'una más' —me dijo M—. Así que, por ejemplo, como bisexual, no pienso de mí mismx como mitad gay y mitad heterosexual. Soy algo más. Sé que algunas personas no binarias piensan de sí mismos como mitad hombre y mitad mujer, pero yo no. Cuando abrimos la caja (del binomio de género), vemos algo así como elementos esparcidos más que una línea".

Desde que el destacado sexólogo Alfred Kinsey comenzó a publicar sus informes sobre sexualidad en 1948, las personas en el mundo occidental se han vuelto más conscientes de la sexualidad como algo existente en el espectro. Mientras que, en la escala de Kinsey, ciertas personas pueden identificarse estrictamente como heterosexuales (valor 1) y gay (valor 6), la mayor cantidad de individuos tienden a ubicarse en algún lugar entre esos números. Del mismo modo, en los últimos veinte o treinta años nos hemos adaptado a la idea de género —especialmente a la expresión de género— que existe dentro de un espectro que va de la A a la Z —o desde M hasta F.

Pero graficar nuestras identidades en una línea de dos dimensiones tiene sus limitaciones; a saber, no refleja con precisión la diversidad humana que observamos. No nos vemos entre nosotros, o a nosotros mismos, en solo dos dimensiones, y los defensores bisexuales y no binarios están sugiriendo que ya es hora de actualizar nuestra ideología. Quizás, en vez de insistir que cada persona puede ser ubicada en una línea, deberíamos estar buscando y viendo la multitud de sexualidades e identidades de género que existen por todo el espacio 3D, centelleantes como estrellas por el espacio.

Esta expansión en nuestro entendimiento del mundo también abre la puerta a una nueva reverencia por la creación de Dios. Al reconocer que hemos malentendido algo sobre el mundo, y al cambiar nuestras teorías y comportamientos en respuesta, estamos admitiendo nuestra humanidad y humillándonos ante el Creador. Del mismo modo, cuando reconocemos que nuestro lenguaje no representa con precisión lo que es, creamos nuevas palabras para ilustrar esos conceptos.

"Una vez que dije que no era una mujer cisgénero, la respuesta fue 'Oh, debes sentirte muy masculinx'. Pero la masculinidad tampoco es algo que represente quien soy —admitió M—. Nuestro lenguaje para masculinidad y feminidad representa nuestra dependencia a la idea de un binarismo. Yo quería con desesperación una tercera palabra, porque no me siento como una persona masculina ni femenina. Deseaba desesperadamente que hubiera más términos para designar nuestras formas diferentes de ser en el mundo".

Génesis 1: 27 no nos da ninguna palabra para ayudarnos a entender la realidad del género humano, pero si nos provee de un nuevo concepto teológico. Se nos dice que los humanos están hechos a la imagen de Dios —el *imago Dei*, como lo llaman los teólogos. Debido a que la creación del hombre y la mujer es mencionada casi en la misma frase, muchas personas se han preguntado si de alguna manera están relacionados.[6] ¿Qué parte de nosotros refleja la imagen de Dios? ¿Puede que tenga algo que ver con nuestro sexo o género?

En su famosa obra *Church Dogmatics [Dogmática de la iglesia]*, Karl Barth despliega un estudio profundo de la forma en que el *imago Dei* ha sido interpretado en el tiempo. Un escrito posterior resumió sus hallazgos diciendo: "Cada intérprete le ha dado contenido al concepto solamente desde la antropología y la teología de su propia época".[7] En otras palabras, cada gran pensador vio al mundo a través de los lentes de su tiempo y espacio particular, como todos lo hacemos. Por ejemplo, Atanasio de Alejandría, un obispo del siglo IV, creía que la imagen de Dios dada a los humanos era nuestra lógica. Considerando la importancia de la lógica entre los griegos estoicos y dentro del Imperio Romano que dominó Alejandría durante ese tiempo, tendría sentido para Atanasio llegar a esa conclusión. También tiene sentido que cuando observamos el comportamiento de criaturas no humanas, una cosa que parece distinguirnos es nuestra capacidad de razonar.

No todos los académicos han llegado a la misma conclusión —lejos de eso. Probablemente, lo más fácil sea agrupar las teorías sobre la imagen de Dios en tres categorías. Un grupo de pensadores, como Atanasio, cree que reflejamos la imagen de Dios de algún modo a través de características no físicas que se nos han dado. Un segundo grupo cree que la imagen de Dios está estampada en nosotros de un modo corpóreo: a través de nuestro género, la forma de nuestros cuerpos, o incluso el modo en que caminamos en dos piernas. Y un tercer grupo ve la imagen de Dios como algo relacional, que afecta el modo en que los humanos se relacionan con Dios y con el resto de la creación.

El trabajo más antiguo que sugiere que la imagen de Dios tiene que ver con nuestros cuerpos físicos puede ser encontrado en un artículo de 1897 escrito por un académico Alemán llamado Theodore Nöldeke. Dado que los cristianos han entendido que el Creador Dios que vemos en Génesis 1 existe sin un cuerpo, muchas personas lo consideraron un tanto vago. Luego, en 1940, otro estudio del texto fue hecho sobre los términos hebreos para "imagen" y "semejanza". Las mismas palabras se usaron para describir estatuas y otro tipo de obras de arte en la Biblia, sugiriendo que quizás había alguna conexión física.[8] Un tercer estudio publicado varios años después señaló que estas mismas dos palabras son usadas en Génesis 5: 3, cuando Adán engendra a su hijo Set: "Adán... engendró un hijo semejante a él, según su imagen, y le puso el nombre de Set". "Dios creó a Adán a su imagen; Adán engendró a Set a su imagen. La segunda declaración es muy clara: el hijo se parece a su padre; se parece a él en forma y apariencia. La primera declaración se debe interpretar adecuadamente: el primer humano se parece a Dios en forma y apariencia".[9]

Pero entre estos dos pasajes hay una diferencia crucial en el verbo que se usa para describir la producción de una nueva persona. Para Dios, ese verbo es "crear", mientras que para Adán es "engendrar". Mientras que engendrar un niño es de alguna manera un acto de creación, cualquier padre puede decirte que no tiene muchas opciones cuando se trata de la apariencia o personalidad del niño. Por el contrario, cuando Dios crea, tiene la libertad perfecta para hacer las cosas a su manera.

Algunos estudiosos modernos han sugerido que la imagen de Dios es representada en nuestro sexo físico, y que esta imagen se realiza más plenamente cuando un hombre cisgénero y una mujer cisgénero se unen en matrimonio, reconstruyendo en esencia algo que había sido separado.[10] Otros, como el teólogo James Brownson, discrepan: "El hecho de que ambos, hombre y mujer, son creados a imagen divina tiene la intención de transmitir el valor, el dominio y la relación compartidos por hombres y mujeres, pero no la idea de que la complementariedad de los géneros es de alguna manera necesaria para expresar o encarnar completamente imagen divina".[11]

Casi al final de su análisis de la *imago Dei*, Barth concluye: "El pasaje de Génesis 1: 26-31 no parece prestarle más atención al cuerpo del hombre que al alma o al intelecto y a la naturaleza espiritual".[12] De hecho, sería extraño para el pueblo hebreo antiguo pensar a un humano como algo desglosado en mente, cuerpo y alma, como lo hacemos hoy. Este tipo de pensamiento es producto de la filosofía griega, y no existía en el tiempo en que Génesis 1 fue escrito.

El académico en Biblia hebrea Claus Westermann lo pone de esta manera: "La discusión de si la imagen y semejanza de Dios se refiere al aspecto corporal o espiritual de la persona nos ha llevado a la conclusión de que la pregunta ha sido formulada incorrectamente". En su lugar, dice que este versículo "no se preocupa ni por lo corporal ni por las cualidades espirituales de las personas; se preocupa solo por el ser como un todo".[13]

Para M. Barclay, vivir como un reflejo de la imagen de Dios es posible solo cuando vives como una persona íntegra —auténticamente, sin nada que esconder o de lo que avergonzarse. Cuando le pregunté a M si suscribía a alguna teoría específica sobre el *imago Dei*, me introdujo a los sermones del reformador John Wesley sobre el tema. "Amo la aproximación de Wesley a la imagen de Dios. Para él, todo se trata sobre capacidades relacionales, no sobre una característica única e innata". Wesley imaginó que el *imago Dei* está hecho de tres partes diferentes: predicó que las personas estaban hechas a la imagen natural de Dios ("un ser espiritual; dotado de comprensión, libertad de voluntad y diversos afectos"); a la imagen política de Dios ("el gobernador de este mundo, que tiene dominio sobre los peces del mar y sobre toda la tierra"); y a la imagen moral de Dios ("justicia y verdadera santidad" y "lleno de amor").[14] El creía que así debíamos ser según el diseño divino antes de la caída, pero que aún así podríamos ser capaces de reflejar esa imagen con la ayuda de Dios.

Para M, la posibilidad de vivir en la imagen moral de Dios es más impactante. "Wesley usa la imagen del aliento y dice que respiramos en la compasión, generosidad y el amor de Dios, y que deberíamos estar exhalando las mismas cosas hacia otros. Así que todo se trata de cómo nos orientamos hacia el otro y hacia la creación".

La cuestión es que será imposible relacionarnos adecuadamente si no somos capaces de mostrarnos y vernos tal como somos. No podemos estar totalmente presentes en una relación si censuramos una parte de nosotros mismos o nos escondemos debajo de una máscara.

M suspiró. "Es muy difícil ser tu mejor versión cuando estás en una jaula". Me empezó a hablar sobre sus experiencias en el seminario antes de salir del clóset como no binarix. "Me enojaba con las personas cuando usaban la 'a' al referirse a mí, lo cual no era justo, ¡porque ellos no sabían! Inhibía mis relaciones para sentirme segurx: con otros, conmigo mismx y con mi comunidad. Estaba limitando mi habilidad para vivir dentro de la imagen de Dios dentro de mí".

Después de que M salió del clóset, las cosas empezaron a cambiar. En vez de tratar de conformarse a las expectativas sociales del momento para hombres y mujeres, M comenzaba a expresarse en modos que reflejaban con precisión quién era. Empezó a deconstruir los muros que había levantado y las máscaras que sea había puesto, y dio un salto de fe. Les permitió a otros ver lo que Dios siempre había visto.

Entonces, ¿cómo se manifiesta la imagen de Dios en nuestros cuerpos? De la misma manera que se manifiesta en el resto de nuestro ser. La imagen de Dios no fue dada a la humanidad en trocitos dispersos, con algunas en tu brazo izquierdo, otras en tu alma y otras en tu habilidad de discutir y razonar. Es un regalo que resuena en todo lo que somos, como los tonos profundos de una campana lejana. Nos despierta y nos mueve hacia Dios y hacia el otro.

Mientras hablábamos, M y yo acordamos que sería imposible tratar vivir en la imagen de Dios que portamos mientras estuviésemos tratando de negar nuestra identidad de género. Teníamos que decir *sí* a quien Dios nos creó para ser antes de comenzar a imaginar a Dios en el mundo. Tuvo que ser así para que nuestras propias defensas no se entrometieran en el camino. Cuando le pregunté a M cómo explicaba una relación entre este concepto teológico y su propio género, pensó por un minuto antes de responder. Finalmente, dijo: "Mi identidad como trans solo está relacionada con la imagen de Dios en mí en la medida en que me permite tener una relación natural, política y moral con mí mismx, con mi comunidad y con la creación en general. No tiene nada —y, a la vez, todo— que ver con eso".

5

Choque cultural bíblico

Recuerdo la primera vez que me detuvieron por estar en el baño equivocado. Fue cuando tenía once o doce años, al entrar al baño de mujeres de Disneylandia con mi gorra azul de béisbol favorita —al revés, obviamente. El resto de mi familia había ido a un paseo que no era de mi particular interés, así que me detuve para lavarme las manos y hacer lo que todos los demás hacen en estas situaciones. Casi ni había pasado por la puerta cuando una mujer se dio vuelta y me miró.

"¡Oye, tú no deberías estar aquí!", dijo, alarmada. Miré alrededor para ver a quién le estaba hablando, pero sus ojos estaban sobre mí. Sobre el niño de camiseta holgada, brazos quemados por el sol y el corte de hongo. "Este es el baño de damas", clarificó, esta vez un poco más calmada.

"¡Lo sé!", respondí. No estaba segura de cómo explicarle que si bien nunca me había sentido demasiado como una chica, este era el baño que la M en mi certificado de nacimiento sugería que usara, y el que siempre había usado junto a mi mamá y mis hermanas.

La señora siguió mirándome como si no creyera lo que le estaba diciendo, y pude sentir mi estómago revolverse. Volteé rápidamente y cerré la puerta, y por el resto de nuestro viaje nunca volví a ir al baño sola. Luego, sentí un cosquilleo de orgullo porque ella había pensado que era un niño, y el recuerdo me hizo sonreír. En el momento, sin embargo, me sentí aterrorizado.

Por todo el mundo las personas usan cierta vestimenta como parte de su expresión de género —desde los kilts en Escocia, los huipil en América Central, los gho en Bután, a las hijab usadas por muchas mujeres musulmanas. Tenemos expectativas sobre lo que determinado tipo de ropa significa para nuestra cultura, y la usamos para señalizar algo sobre nosotros mismos a otras personas. Sin embargo, no es una habilidad con la que nacemos; es algo que otras personas nos enseñaron. La mayoría lo comprendemos cuando somos jóvenes. En los Estados Unidos, los adultos les dicen a los más pequeños que el rosado es para niñas, y el pelo corto para niños. Para cuando estamos en la secundaria, no solo nuestros padres y profesores se comportan como policías, monitoreando cómo expresamos nuestro género; nuestros pares también entran en el juego. Cuando me encontré con aquella mujer en el baño en Disneylandia, lo que hizo fue reaccionar a mi vestimenta estereotípicamente masculina y, a partir de eso, llegar a algunas conclusiones. No fue su culpa —nuestros cerebros están hechos para categorizar las cosas rápidamente— pero es importante tener en cuenta la forma en que respondemos a nuestras reacciones instintivas. Nuestros pensamientos inconscientes no tienen tanta importancia como sí la tiene lo que hagamos con ellos. Pero ¿cuánto podemos decir de alguien por como se viste?

La expresión de género fue escudriñada también en los tiempos bíblicos, y tenemos un versículo específico que a menudo se aprovecha para usar en contra de las personas que se visten "fuera de su género". Ese versículo está en Deuteronomio 22: 5: "La mujer no se pondrá ropa de hombre, ni el hombre un vestido de mujer: el que lo hace resulta abominable a los ojos del Señor, tu Dios". ¿Pero qué es exactamente ropa de mujer y ropa de hombre? ¿Este versículo se está refiriendo a la vestimenta en una cultura en particular en un lugar y tiempo o establece una regla absoluta para todos?

Las respuestas dependen de a quién le preguntes. Algunos académicos bíblicos creen que Deuteronomio 22: 5 fue escrito específicamente para el pueblo hebreo en su tiempo y lugar, porque vestirse con ropa de otro género era algo asociado a los cultos de otros dioses.[1] Otros teólogos creen que este versículo es una continuación de las leyes de la Torá de las que hablamos en el último capítulo, donde toda la vida está clasificada y separada en diferentes categorías que está prohibido mezclar. En el Talmud, el rabino Eliezer ben Jacob sugiere que "la ropa de hombre" en el versículo se refiere a la armadura y las armas de guerra, y que el propósito original del pasaje era disuadir a las mujeres de ir a la batalla.[2] Rashi, erudito judío, en su comentario sobre Deuteronomio 22: 5 dice que la prohibición es contra cualquier persona que se vista como otro género para camuflarse con el propósito de cometer adulterio o algún otro tipo de inmoralidad heterosexual.[3] Para hacerlo más interesante, inmediatamente después dice que él cree que estos versículos aplican solo para la ropa que se usa de este modo, y sugiere que está bien usar vestimentas de otro género mientras que no lo hagas para escabullirte y besar a alguien que no deberías.

Sin importar la razón por la cual fue escrito este versículo, tenemos que preguntar: ¿todavía es relevante para nosotros hoy? Muchos cristianos dicen que no, alegando el hecho de que es parte de la ley mosaica que Jesús vino a cumplir. Adicionalmente, ya no prestamos mucha atención a las leyes en los versículos anteriores al 22: 5 (que nos mandan ayudar al burro o buey de nuestro vecino cuando lo vemos caído en el camino) o los versos que le siguen (que mandan a nunca matar a una madre pájaro cuando tomamos sus huevos, sino a liberarla siempre). Incluso si miramos otras instancias del uso de la palabra "abominación" en Deuteronomio, encontramos reglas que difícilmente veamos como relevantes para nosotros, como en 25: 1316, que dice que las personas que llevan dos pesas para engañar a otros económicamente son una abominación. Pero si nos tomamos esa regla en serio, ¡quizás seríamos un poco más duros con las personas que manipulan la bolsa de valores!

Digamos que vamos a tomar Deuteronomio 22: 5 al pie de la letra y a ceñirnos estrictamente a él. Tenemos que preguntarnos si es posible en una era de cristianismo global, donde diferentes culturas con ideas contrastantes sobre la indumentaria y el género se reúnen para ser iglesia. ¿Les exigiremos a todas las mujeres cristianas desde Seúl a San Pablo que usen vestidos de verano, o que todos los hombres cristianos desde Mogadiscio a Memphis usen un kanzu (la túnica blanca que usan los hombres del este de África)? ¿Haremos lugar para la diversidad o trataremos de homogeneizar a todos en la aceptación de nuestras propias expectativas personales?

Tendremos que hacer las mismas preguntas sobre lo que algunos cristianos llaman "roles de género bíblicos". La doctrina que apoya los roles de género bíblicos en muchos círculos evangélicos viene desde el Consejo de Masculinidad y Feminidad Bíblicas (CMFB), un grupo formado en 1987 "para exponer las enseñanzas de la Biblia sobre las diferencias complementarias entre hombres y mujeres".[4] Según los documentos de la CMFB, la masculinidad bíblica luce como un "liderazgo amante y humilde", y la feminidad bíblica luce como una "sumisión inteligente y voluntaria".[5] Rachel Held Evans, una académica que intento pasar un año viviendo según estos principios, describe el modelo de esta manera:

> La sumisión bíblica, según la CMFB, requiere que las mujeres les cedan a sus maridos ser el principal sostén del hogar, postergarse a sí mismas cuando se toman decisiones en nombre de la familia, ver a los hombres como los líderes espirituales en casa y la iglesia, y evitar las carreras que las sitúen en posiciones de autoridad sobre el hombre.[6]

En pocas palabras, los roles de género complementarios y bíblicos insisten en que los hombres son creados para liderar y las mujeres, para seguir, y que ambos géneros son fundamentalmente diferentes, pero deben estar emparejados.

Los cristianos que suscriben a estas visiones citan muchos versículos bíblicos para respaldar sus argumentos, uno de los cuales puede ser encontrado en Génesis 2. Aquí leemos otra versión de la historia de la creación, en la cual Adán y Eva son creados en momentos diferentes. En Génesis 1, Dios crea a los dos primeros humanos simultáneamente, pero en Génesis 2: 7 leemos: "Entonces el Señor Dios modeló al hombre con arcilla del suelo y sopló en su nariz un aliento de vida. Así el hombre se convirtió en un ser viviente". Es mucho después en la narrativa, cuando Dios ya ha creado el jardín del Edén, que otro ser humano llega a la escena. Génesis 2:18 dice: "No conviene que el hombre esté solo. Voy a hacerle una ayuda adecuada". Dios trae a todo animal creado ante Adán, esperando encontrar la compañía adecuada, pero desafortunadamente Adán no está interesado en ninguno de ellos. Finalmente, hace dormir a Adán y toma un pedazo de su costado —a menudo traducido como "costilla"— del cual forma a Eva. Adán ve a Eva por la primera vez y dice: "¡Esta sí que es hueso de mis huesos y carne de mi carne! Se llamará Mujer, porque ha sido sacada del hombre" (Gn. 2: 23).

Cuando los complementaristas leen este texto, notan que Adán fue creado primero y que Eva es descrita como "pareja" ("ayudadora" en algunas traducciones) —toda la evidencia de que la mujer fue creada para seguir.[7] El problema con ver a las mujeres como seguidoras con base en Génesis 2 es que se podría argumentar con la misma facilidad, tal como lo han hecho muchas mujeres, que Dios cometió un error con el primer prototipo, Adán, pero que finalmente coronó la creación con la invención de Eva. En estas historias se tiene poca certeza de si es mejor ser creado primero o último.

Luego, está esa palabra "ayudadora". ¿Realmente quiere decir que Eva fue creada como una especie de secretaria divina? Rachel Held Evans argumenta que no, y que cuando observas los términos hebreos *ezer kenegdo,* usados para describir a Eva, en realidad obtienes una idea mucho más poderosa de su propósito. *Ezer,* "ayudadora", es usada en referencia a tres personas o tipos de personas en el Antiguo Testamento: dos veces se refiere a Eva, tres a las naciones que ayudan a Israel militarmente, y dieciséis a Dios como el ayudador del pueblo hebreo.[8] La otra parte de la frase, *kenegdo*, esencialmente quiere decir "del mismo tipo"; así que, cuando Adán ve por primera vez a Eva, la frase que la afirma como "carne de mi carne" da justo en el clavo —comparten una conexión especial como los únicos dos de su especie.

Adicionalmente, algunos teólogos que no apoyan a las personas LGTBQ+ creen que esta división de un ser humano en dos nos demuestra que los hombres y las mujeres son creados heterosexuales y cisgénero, y tienen el imperativo biológico y teológico de volver a estar juntos de nuevo, sexualmente y en matrimonio. El teólogo James Brownson los critica, señalando que "el texto del Génesis describe el matrimonio como una solución, no para la 'incompletitud', sino para la soledad".[9] No es el sexo o el género de Adán —o la falta de esas características— lo que causa un problema; es el hecho de que anhela relaciones y comunidad. Adicionalmente, más que sugerir que Adán y Eva o los hombres y las mujeres están creados para ser diferentes entre sí, Brownson señala el reconocimiento de Adán sobre su igualdad. Confirma que "el movimiento principal en el texto no es desde la unidad a la diferenciación, sino desde el aislamiento de un individuo hacia la profunda bendición de parentesco y comunidad compartida".

Entonces, ahora que tenemos una idea de lo que ha hecho el cristianismo con la expresión y los roles de género, echemos un vistazo al significado de estas ideas teóricas tan estimulantes para los cristianos transgénero en sus vidas diarias.

Aidan Wang es un hombre transgénero taiwanés de Taipéi que se considera como un "hijo de tercera cultura". Pasó la mayor parte de su vida con un pie en la cultura oriental de Taiwán y un pie en el cristianismo —la importación occidental. Cuando Aidan estaba en jardín de infantes, sus padres se convirtieron al cristianismo y empezaron a asistir a una iglesia evangélica no denominacional, y Aidan comenzó a ir a una academia misionera.

Crecer como cristiano en Taiwán significa ser parte de una verdadera subcultura. Solo el 3,9 % de la población se identifica a sí mismo como cristiana, mientras que la mayoría de los ciudadanos taiwaneses son practicantes del budismo (35 %) o del taoísmo (33 %).[10] Cuando Aidan comenzó a cursar en la academia cristiana —tenía seis años, aproximadamente—, experimentó un choque cultural sin haber salido nunca de su país. Las expectativas de género eran diferentes en la iglesia que en casa, y cosas que antes nunca habían sido un problema, de repente ahora eran complicadas.

Se sonrió por un segundo cuando me dijo:

> ¡Sabía cuál era mi identidad (hombre) desde los dos años! Pero crecer como cristiano significó, por aquellos tiempos, no hacer mención de las personas trans. No tenía ni idea de que quería decir transgénero. Sabía que me empezaron a gustar las niñas cuando estaba en tercer grado, y en la escuela aprendí que ser gay era un pecado, y dado que estaba en un cuerpo femenino y me gustaban las niñas, creía que era gay.

Aidan se sentía cómodo vistiendo prendas que le gustaban en su casa y cuando iba por la calle, pero en la iglesia las expectativas eran diferentes. "Fuera de la iglesia, las personas no creían que era raro que usara pantalones cortos o largos todo el tiempo. Me ponía colores oscuros como azul y negro. No les parecía raro que usara el cabello corto. Hasta pensaban que me quedaba bien".

Le pregunté si esa era la norma para las chicas taiwanesas. Me respondió:

> Sí, las personas de aquí son más andróginas. Hay más mezcla de géneros. No hay una gran distinción entre la indumentaria de mujer y de hombre. En realidad, no hay una sección para hombres y mujeres. Bueno, la hay, pero las personas realmente no le prestan atención. Los hombres tienen contextura pequeña y les crece menos pelos que a los hombres de occidente —nadie tiene demasiada barba, por ejemplo. Está bien que las mujeres usen el cabello más corto y vistan ropa deportiva, camisas, camisetas y cosas por el estilo. Y está bien que los hombres usen pantalones o camisetas estrechos. Así que cuando caminas por la calle es muy común que las personas no sepan cual es tu género.

Pero en la iglesia las cosas eran diferentes. "En la iglesia se supone que las mujeres son más espirituales. Tienen que ser correctas; la ropa tiene que cubrirte más. Está bien que usen pantalones, pero querían que fuera en colores como el rosado… creo que buscan que seas más femenina. Quizás usar camisetas y pantalones más identificados con eso".

La tradición de que la indumentaria de hombres y mujeres sea similar y variada en colores y patrones puede ser hallada en la historia taiwanesa, tanto entre el pueblo Han, que migró de Taiwán a China entre los 1600 y la mitad del siglo XX, como entre muchos pueblos indígenas de la isla.[11] Habitualmente, tanto hombres como mujeres usaban túnicas o abrigos largos con mangas largas, y era solo el color, el patrón textil o el tipo de costura lo que distinguía a los dos. En estos días, la ropa sigue siendo bastante andrógina, pero ciertos colores y estilos son más comunes en un género que en el otro.

Las diferencias entre las expectativas en casa y en la iglesia eran incluso más obvias cuando se trataba de los roles de género. La madre de Aidan era una feminista entusiasta, apasionada por la educación. "Cuando ella estaba era pequeña, a las mujeres no se les permitía una educación —me explicó—. Ella se resistió firmemente a esa regla. Es la única persona de su familia que se graduó de la universidad, porque siempre creyó que las muje-res son capaces de hacer lo que sea". Esa personalidad de "ve y hazlo" le sirvió muy bien en el mundo académico; pero, cuando se convirtió al cristianismo, enfrentó la presión de los llamados roles de género bíblicos como si fuera una mujer evangélica en los Estados Unidos.

Le pregunté a Aidan si para su madre fue difícil "someter-se" al liderazgo de los hombres. Se rio y me dijo:

> Claro que sí. Siempre está empujando los límites. Si alguien le pide a mi papá que guíe un pequeño grupo, ella dirá: "No, él no puede, lo haré yo". Al principio, ella pen-saba "¡Por favor! ¿Esta es la cultura? Está bien, tal vez debería adaptarme a la cultu-ra cristiana, me someteré, y estaré quieta". Pero, luego, no pudo ir en contra de su naturaleza. Mi padre no puede guiar —él es sumiso, como yo. Soy un tipo más bien pasivo. No hablo mucho, sin embargo en la iglesia tenía que hacerme oír. Tenía que guiar la oración, ser líder de un grupo pe-queño. Odiaba eso. Sentía mucha presión.

Aquí es donde el choque de culturas es más obvio, porque mientras que de los hombres se espera liderazgo en la iglesia, en la cultura taiwanesa se atesora a los hombres que son de "corazón cálido", como ellos les dicen.

> En Taiwán hay una presión para que los hombres sean proveedores o, como decimos nosotros, capaces de alimentar a su esposa. Así que si no puedes garantizar el alimento de tu futura esposa, no puedes casarte. Como hombre debes proveer todo lo que ella necesite, todo lo que la haga feliz. Si quieres ser un buen novio, tienes que llevarle la cartera a tu novia, comprarle tampones, servirla de cualquier modo, escuchar todo lo que te diga (y estar dispuesto a que te mangoneen un poco). Tenemos una manera de llamarle a todo eso: "hombres cálidos". Cálidos de corazón. Queremos ser ese así. Va en la misma dirección que la frase "esposa feliz, vida feliz". Luego pienso en tantas mujeres incómodas en la iglesia porque están llamadas a ser sumisas, ¿no? Tienen que serlo. Creo que ahí está la resistencia o tensión, algo totalmente diferente para nosotros.

Ejemplos como este que trae Aidan nos deberían volver críticos de los principios y comportamientos que el cristianismo está imponiendo a las personas alrededor del mundo. Mientras ciertas partes de la creencia del cristianismo no son relativas al tema —como los Diez Mandamientos o el Sermón de la Montaña que dio Jesús—, los componentes culturales podrían necesitar ser evaluados de manera diferenciada. ¿Deberíamos insistir en que las prácticas culturales y las reglas creadas para un pueblo específico en un lugar y tiempo específicos sean el principio reinante para todos los demás pueblos, por siempre?

Es revelador que tengamos algunos ejemplos bastante geniales en los personajes bíblicos que no encajaron en el molde de género, incluso para su propio tiempo. Piensa en José, por ejemplo —el de la "túnica tecnicolor de ensueño". Resulta que ese abrigo podría ser más de lo que parece.

Así es como se plantea la historia de José:

> José tenía diecisiete años, y apacentaba el rebaño, ayudando a sus hermanos, los hijos de Bilhá y Zilpá, las mujeres de su padre. En cierta ocasión, refirió a Jacob lo mal que se hablaba con ellos. Israel amaba a José más que a ningún otro de sus hijos, porque era el hijo de la vejez, y le mandó hacer una túnica de mangas largas. Pero sus hermanos, al ver que lo amaba más que a ellos, le tomaron tal odio que ni siquiera podían dirigirle el saludo. (Génesis 37: 24)

Quizás hayas notado que esta traducción de la Biblia, el Libro del Pueblo de Dios, llama a la túnica de José una "túnica de mangas largas", en vez de la "túnica de diversos colores" como encontramos en la versión Reina Valera 1960. La verdad es que no sabemos como traducir exactamente las palabras hebreas *ketonet passim*, que es usada para describir la túnica, porque esta combinación de términos es usada solo dos veces en toda la Biblia. La mayoría de las veces los traductores pueden descifrar el significado de una palabra al observar de cerca su contexto, especialmente si la palabra suele usarse. Aunque, cuando una palabra es poco usada, perdemos algo de ese matiz. Si estás leyendo una colección de cuentos para niños que hacen referencia a un oso de peluche al que le gusta la miel y que vive en un bosque con un búho, un conejo, un burro y un cerdo, esas palabras por sí solas no evocan nada (¡a menos que ya hayas leído las historias de Winnie the Pooh!). Sabemos que la palabra *ketonet* significa "prenda, manto o túnica", porque es usada a lo largo de toda la Biblia en referencia a las vestimentas. Pero no sabemos que significa la palabra *passim*. La única vez que volvemos a encontrar esta palabra es en la terrible historia de Tamar, la hija del Rey David, que fue sexualmente asaltada por Amón, en 2 Sam. 13. El versículo 18 nos dice que Tamar "llevaba una túnica de mangas largas, porque así vestían entonces las hijas del rey cuando eran vírgenes". Aparentemente, esta prenda que Tamar usaba tenía connotaciones de género y de estatus.

Entonces, ¿qué hacemos con el hecho de que esta prenda, *ketonet passim,* es usada por solo dos personas en la Biblia; José y la princesa Tamar? Los teólogos le han dado vueltas durante cientos de años y han llegado a todo tipo de respuestas. Algunos creen que el atuendo en realidad debía ser una prenda de género neutro (pero ¿cómo entendemos entonces la explicación de género y estatus en la historia de Tamar?), mientras que otros piensan que, quizás, las túnicas de la realeza eran demasiado similares como para ser distinguibles (pero entonces, ¿por qué tanto alboroto por la vestimenta de género apropiado en Dt. 22: 5?). Al final, todos sabemos con certeza que "esta prenda aparentemente hermosa y lujosa que sirve como marca de distinción para las hijas vírgenes del rey es la misma prenda con la que el patriarca vistió a su hijo predilecto".[12] Si este es el caso, la alienación y abuso que

José recibe por parte de sus hermanos tiene más sentido aún. Como persona asignada hombre al nacer, pero que se viste con ropas asociadas con las mujeres, José no da con la talla de las expresiones de género esperadas.

Vemos otra rebeldía de género en Débora, la líder mujer del pueblo hebreo durante un periodo en el cual los israelitas eran esclavos del rey de Canaán. Jueces 4: 4-5 dice: "En aquel tiempo, juzgaba a Israel una profetisa llamada Débora, esposa de Lapidot. Ella se sentaba debajo de la palmera de Débora, entre Ramá y Betel, en la montaña de Efraím, y los israelitas acudían a ella para resolver sus litigios". Un día, Débora llamó a un hombre llamado Barak para que la visitara. Cuando él fue a escuchar su profecía, ella le dijo que Dios lo había escogido para guiar a un grupo de guerreros israelitas contra el general más poderoso del rey cananeo, Sísara. Barak lo pensó por un minuto. Si ganaba, aseguraría la libertad para los israelitas, pero, si perdía, su pueblo sería aún más oprimido. Eventualmente, dijo: "Si tú vienes conmigo, iré; pero si no vienes, no iré" (Jue. 4: 8).

Los académicos no se ponen de acuerdo si Barak se rehusó a ir sin Débora porque estaba asustado o porque se dio cuenta de que sería sabio llevar a una profeta que tuviera contacto con Dios para mantener la batalla a su favor. Cualquiera haya sido el caso, Débora respondió: "Yo iré contigo; pero entonces la gloria de la campaña que vas a emprender no será para ti, porque el Señor pondrá a Sísara en manos de una mujer" (Jue. 4: 9). Y así, fue con él y con diez mil guerreros al campo de batalla. Débora aconsejó a Barak y le dijo cuándo era el momento adecuado para atacar. Una vez que la batalla terminó, Sísara, el general cananeo, era el único soldado enemigo con vida.

Sísara huyó del campo de batalla y pasó justo por la tienda de una mujer llamada Jael. De alguna forma, ella lo reconoció y lo invitó a entrar para esconderse. Sísara le pidió algo de beber y que vigilara y le dijera a cualquiera que lo buscara que él no había pasado por el lugar. Jael aceptó, pero tan pronto como el exhausto Sísara se quedó dormido, ella tomó una estaca afilada de la tienda y le atravesó la sien, matándolo instantáneamente. Barak llegó al lugar, siguiendo el rastro de su enemigo, Jael le hizo señas y lo llevó al cuerpo de Sísara, cumpliendo así la profecía de Débora de que Dios le daría la victoria final a una mujer. Y no solo una victoria, ¡sino un triunfo que aseguraría la libertad de los israelitas! En Jueces 5, Débora y Barak compusieron una canción contando toda la historia y agradeciendo a Dios por su liberación.

Tanto Jael como Débora hicieron algunas cosas muy poco propias para una dama en estos capítulos, como guiar y dirigir una batalla y matar un oficial militar de alto rango solo con las herramientas a la mano. Mirando específicamente a Débora, un académico notó: "Su género se enfatiza casi de manera despro-porcionada al comienzo del capítulo 4 —refiriéndose a ella como mujer profeta y esposa— y se describe a sí misma como madre en el capítulo 5. Pero ¿qué otras características la hace mujer se-gún la designación social androcéntrica? No es una madre cuida-dora, sino más bien una madre comandante militar. Es una pro-feta, jueza y una líder, todos rasgos tradicionales masculinos".[13]

¿Débora pasaría la prueba bíblica de feminidad, definido por los complementaristas cristianos? ¿Si estos personajes bíbli-cos heroicos que hablaron con Dios y liberaron miles no encajan en el criterio, quién entonces?

El cristianismo occidental ha tenido un efecto significativo en Taiwán, a pesar de un pequeño número de cristianos practicantes que vivieron ahí. En mayo del 2017, el país se convirtió en el primer territorio asiático en reconocer el matrimonio entre personas del mismo sexo, pero esta victoria para los taiwaneses LGTBQ+ no fue fácil. La resistencia por parte de los cristianos tenía su origen en la última parte de los 1990 y había crecido firmemente en el tiempo conforme al asunto se volvía más prominente en las iglesias occidentales. Un grupo, la Alianza de Grupos Religiosos por el Amor de las Familias de Taiwán, organizó una protesta en noviembre del 2013, que convocó a miles de personas que se opusieron a toda legislación a favor de las personas LGBTQ+.

Chen Chih-hung, el vocero de la Alianza en ese momento, creyó que dependía de los cristianos educar a los demás grupos de fe sobre los daños de la homosexualidad. Chen explicó:

> Los grupos cristianos llevan la delantera sobre este tema, dado que las religiones asiáticas no han visto tradicionalmente a la homosexualidad como algo relevante. Las iglesias en EE.UU y Europa han confrontado el impacto del matrimonio gay directamente... Dado que solo un pequeño porcentaje de los taiwaneses son cristianos, compartimos lo que sabemos con otras religiones para que puedan entender la seriedad de la situación... Las iglesias cristianas en Taiwán son informadas por iglesias en el extranjero sobre lo que han estado haciendo los activistas gay aquí... nos falta experiencia. Ellos nos han dicho cuán serio es el tema y qué estrategias (la defensa de los derechos gay) despliegan estos grupos.[14]

Quizás, sin sorpresa alguna, grupos como la Alianza de Chen son apoyados por grupos conservadores evangélicos en los Estados Unidos en términos de conocimiento y recursos. Dos organizaciones con base en EE.UU, Centrados en la Familia y el Congreso Mundial de Familias, tienen sucursales en Taiwán y Hong Kong que buscan tener un efecto en las comunidades eclesiales y en las legislaciones.[15]

Aidan ha experimentado de primera mano este nuevo enfoque en actitudes anti-LGTBQ+ en las iglesias. Luego de haber transicionado médicamente hace muchos años, decidió encontrar una iglesia que le diera la bienvenida. "Empecé a ir a esta iglesia que me gustaba, y desde el principio le conté a mi pastor sobre mi identidad. Le dije que era transgénero y le pregunté si le molestaba. Y para esa época él no tenía ni idea —nunca había conocido a una persona transgénero antes. ¡Nunca había escuchado algo así! Lo único que sostenía por ese entonces era no apoyar la homosexualidad, y dado que yo era heterosexual, no tenía problema. Me dio la bienvenida, y me quedé en esa iglesia durante cinco años".

Los problemas empezaron cuando Aidan comenzó una relación seria con una mujer. Los dos iban juntos a la iglesia, y de repente el pastor ya no parecía ser tan amistoso. "Pienso que fue apresado por toda esa cuestión de la pelea por el matrimonio igualitario que estaba sucediendo en ese tiempo. Pienso que lo hizo frenar, pensar, considerar y decidir que no estaba conforme con el hecho de que yo fuera trans. En cierto modo, endureció su punto de vista sobre lo que estaba bien y lo que no, por lo que originalmente estaba bien ser trans pero no estaba bien ser gay. Luego no estaba bien ser ninguna de las dos".

"¿Como sabias que no estaba de acuerdo con esto?", le pregunté.

"Me presionaron a permanecer célibe, no pensé que era una expectativa justa para mí". Aidan se rio y continuó diciendo:

> Era una iglesia muy evangélica, carismática, así que lo que hicieron fue decirme: "El Señor me habló en un sueño. Tuve una visión: Dios estampaba la palabra 'celibato' en tu frente, y me ordenó específicamente que te lo dijera", y ese tipo de cosas. Ninguna mención de la Escritura, ni la posibilidad de charlarlo. Solo su visión, su sueño.
>
> Para esa época, al ser una persona sumisa, no dije nada. Entré en pánico en mi corazón, pero luego pensé "no, esto es solo un malentendido". Estoy seguro de que estas personas me aman, se preocupan por mí, y existe una manera de llegar a un acuerdo. Así que en ese momento no dije nada. Pero luego, en las próximas semanas les envié artículos y cosas para que leyeran y consideraran, pero no ayudó. Cada domingo seguiría yendo a la iglesia, y viendo muy claramente cómo el pastor le susurraba a mi novia al oído. Así que luego le preguntaría qué le había dicho y ella me diría que ellos le habían dicho cosas como "oraremos por ti", "estamos preocupados por ti" y "¡recuerda lo que dijo el Señor!" y similares.

Esta presión y el panorama de perder su comunidad eclesial, su novia, o ambas, le causó mucha angustia mental a Aidan. Además de todo esto, estaba siempre esa pequeña voz de duda en la cabeza susurrándole "¿Qué si tiene razón sobre ti?".

> Luché contra el infierno durante mucho
> tiempo mientras estuve en esa iglesia, por-
> que eso es lo que le preocupaba a mi novia.
> El infierno. Ella estaba preocupada con ir
> al infierno por salir conmigo. Así que luego
> empezamos a tener tantas conversaciones
> sobre el tema que me asusté, y mis pasto-
> res no ayudaron. ¡Ellos estaban teniendo
> todas estas visiones! Me dio mucho pánico
> ir al infierno. La idea crecía en mi cabeza, y
> cada vez era peor.

Eventualmente, Aidan dejó la iglesia, y él y su novia rompieron. Comenzó a pensar más críticamente sobre algunas de las cosas que había aprendido hacía tiempo en las escuelas cristianas, y sobre todas las cosas de no aceptación que había dicho su pastor. Empezó a leer docenas de libros y artículos sobre su identidad de género, la fe y la Biblia, tratando de encontrar un modo de volver a reunir las piezas. Sin embargo, cuando llegó el momento, el trauma por el que había pasado cuando le decían una y otra vez que estaba intrínsecamente equivocado y atado a un castigo eterno se volvió demasiado para soportar.

"¿Cómo describirías tu fe ahora? —le pregunté—. Honestamente, considero increíble que te quede algo de ella luego de esas experiencias".

Aidan sonrió otra vez, un poco triste. "El resultado fue que algunos días tengo que creer que el infierno simplemente no existe. Otros días creo que si Jesús vino a salvarnos, vino a salvarnos a todos, e incluso si el infierno existe, él nos ama demasiado como para dejarnos sufrir para siempre. Si mi yo de hace dos años me viera hoy, ¡enloquecería! No me reconocería, porque… me voy a poner un poco sentimental con esto". Tragó saliva y bajó la mirada.

Recuerdo cómo era ser yo hace dos años. Dios era todo para mí… ¿Y ahora que mi relación con Dios se siente tan vacía a veces? Todavía lucho con ello. Intento encontrarle algún sentido a todo esto. Pero se siente mucho mejor que estar aterrorizado todo el tiempo. Quizás algún día seré capaz de volver. Pero fui un cristiano trans en la iglesia durante ocho años. Y ahora, como cristiano trans fuera de la iglesia, simplemente no puedo creer cómo sobreviví a todo eso.

Suspiró. "Es algún tipo de milagro".

6

¿Repetirías mi nombre?

Cuando nací, a finales de los 80, mis padres decidieron regalarme lo que pensaron que era un nombre original y hermoso: Alison.[a] Resultó ser que Alison —o algunas de sus variantes— llegó a estar en los primeros cincuenta nombres para niñas durante ese año y los posteriores. A partir de la escuela secundaria, cada vez que entraba a una nueva clase me encontraba con al menos dos Alison más, por lo que nos veíamos en la obligación de elegir apodos o llamarnos por nuestros apellidos. Nunca me gustó eso de tener que recortar mi nombre, porque pensaba que Ali sonaba incluso más femenino que Alison. Pero un día, mi tío Rick pasó por nuestra casa. Había venido para ayudar a cortar el césped, y yo estaba afuera, en nuestro estacionamiento, jugando con una pelota de básquet. Mi tío cruzó por allí y me gritó: "¡Oye, Al!". Recuerdo que levanté la mirada, lo saludé y pensé "¡Sí! ¡Él sí entiende!". Era la única persona que me llamaba Al; cada vez que lo hacía me sentía muy bien.

Los nombres son increíblemente poderosos. Ya sea que nos los hayan dado o los hayamos escogido, nuestro primer nombre nos identifica como un individuo, y nuestro apellido nos identifi-

---

a Una nota para los aliados trans: ¡estoy compartiendo mi nombre de nacimiento con ustedes aquí porque no me molesta compartir mi historia! Aunque recuerden, que nunca es educado o apropiado preguntarle a una persona trans cual es su nombre de nacimiento. Si se sienten lo suficientemente cómodos con ustedes para ofrecerles voluntariamente esa información, lo harán en su propio tiempo y a su manera.

ca como parte de una comunidad. Para las personas transgénero, los nombres pueden tomar un significado adicional. Se convierten en otra forma en que expresamos nuestro género. Algunos compañeros trans escogen mantener el nombre que se les dio al nacer, especialmente si es neutro, como Robin, Taylor o Jamie. Pero a veces el nombre que se nos dio al nacer simplemente no encaja, y decidimos elegir uno totalmente nuevo —algo que dé una mejor idea que de quiénes somos.

El asunto de renombrar es tan viejo como el lenguaje mismo, y tenemos algunos casos fascinantes entrelazados justo en nuestros textos bíblicos más básicos. En estos ejemplos de la Escritura, los nombres nuevos son dados en reconocimiento de una identidad que alguien ya posee o para reconocer un cambio de identidad.

En Números 13 encontramos un ejemplo de alguien a quien se le da un nombre nuevo para ilustrar una nueva identidad. Moisés y el pueblo errante hebreo se encuentran en las puertas de la Tierra Prometida, pero no están seguros de qué hacer a continuación. Dios le dice a Moisés que envíe algunos espías para que relevaran el lugar y vieran qué clase de personas vivían ahí. Moisés escoge un líder de cada tribu, entre ellos a un joven llamado Oseas, hijo de Nun. El versículo 16 nos dice: "Y a Oseas, hijo de Nun, Moisés lo llamó Josué". No se nos dice explícitamente por qué Moisés le cambia el nombre, pero Josué se convierte en el segundo al mando de Moisés y eventualmente toma su lugar como líder cuando Moisés muere. En la Edad Media, un rabino francés llamado Samuel ben Meir —mejor conocido como Rashbam— sugirió que era costumbre dar un nuevo nombre a alguien a quien habían ascendido de rango,[1] así que es muy posible que

Moisés decidiera otorgar un nombre nuevo y un nuevo título al mismo tiempo, regalándole a Josué una nueva identidad.

Mientras que la mayoría de los nombres en la Escritura hebrea son dados de un humano a otro, o de Dios a un humano, hay un solo caso de una persona que le da a Dios el Creador un nuevo nombre. Esa persona es Agar, la esclava de Abraham y Sarah, que lleva un hijo de Abraham en el vientre y huye para escapar de los maltratos de Sarah. En Génesis 16, Agar se encuentra con un ángel de Dios en el desierto; el ángel le asegura que Dios está con ella y con su hijo no nacido. El versículo 13 dice: "Agar llamó al Señor, que le había hablado, con este nombre, 'Tú eres El Roí', que significa 'Dios se hace visible', porque ella dijo: '¿No he visto yo también a aquel que me ve?'". *El-roi* en hebreo significa "Dios ve" o "aquel que ve". En este caso, Agar no está cambiando la identidad de Dios; ella le está dando un nuevo nombre para reconocer la identidad que Dios ya tiene.

Uno de los cambios de nombres más famosos en el Nuevo Testamento se encuentra en el Evangelio de Mateo:

"Y ustedes —les preguntó— ¿quién dicen que soy?". Tomando la palabra, Simón Pedro respondió: "Tú eres el Mesías, el Hijo de Dios vivo". Y Jesús le dijo: "Feliz de ti, Simón, hijo de Jonás, porque esto no te lo ha revelado ni la carne ni la sangre, sino mi Padre que está en el cielo. Y yo te digo, tú eres Pedro, y sobre esta piedra edificaré mi iglesia, y el poder de la Muerte no prevalecerá contra ella". (Mt. 16: 15-18)

Por lo general, cuando leemos este pasaje, en seguida entendemos qué está haciendo Jesús. Le ha dado a Simón un nombre nuevo. Aunque lo que tal vez nos perdemos al principio, ¡es que Simón también acaba de renombrar a Jesús! En los relatos del evangelio de Mateo, Marcos y Lucas, la idea de que Jesús es el Mesías — el ungido— es un tanto secreto, y este relato en particular es la primera vez que alguien se atreve llamar en voz alta *Mesías* a Jesús. Lo que hace Simón cuando se le pregunta la identidad de Jesús es darle el nombre en reconocimiento a quien él ya es. La declaración de Simón no hace a Jesús el Mesías; solo lo reconoce formalmente. Por otro lado, cuando Jesús le dice a Simón "Tú eres Pedro, y en esta roca construiré mi iglesia", le está dando una identidad totalmente nueva como fundamento de la comunidad.

Cuando una persona transgénero cambia su nombre, usualmente lo hace dentro de estas mismas categorías: o bien tomando un nombre que resalte algo verdadero y establecido sobre su personalidad y su conexión con otros, o abrazando un nombre que le muestra al mundo cómo ha cambiado y quién aspira a ser.

River Hammond[b] dio con su nombre un día mientras caminaba por las orillas del río Upper Iowa. "Quería mantener mis iniciales, así que buscaba un nombre que comenzara con R; deseaba algo que fuese neutro y muy ambiguo, por si lo necesitara", me explicó cuando le pregunté el origen de su nombre. "Cuando estaba en la universidad vivía cerca del río Upper Iowa, y caminaba por el sendero varias veces al día, mientras rezaba y reflexionaba. La gente me asociaba al río. Y un día pensé 'Río[c] esa es una linda palabra que empieza con R. Podría ser mi nombre. ¡Claro que sí!'. ¡Y así fue!".

---

b Cambié el apellido de River por su seguridad, y porque así me lo pidió.
c "River" en español es "río" (N. del T).

Pero encontrar un nombre fue una de las partes más fáciles de su salida del clóset como trans. Creció como hijx únicx de padre y madre misioneros bautistas del sur que estaban enfermos mental y físicamente. Su temprana niñez transcurrió entre mudanzas dentro de América del Norte. "Vivíamos un estilo de vida casi nómada; íbamos de llamado en llamado", recordó. "Cuando tenía doce, atravesamos un periodo de no tener hogar, y esa fue la primera vez que supe que había algo diferente en mí. Sabía que algo había pasado. No podía ponerlo en palabras, pero estaba convencidx de que algo era diferente. Y fue la primera vez que mi madre me preguntó si era gay".

La pregunta tomó a River con la guardia baja, y experimentó un momento de reconocimiento y miedo intenso. "Sabía que en cierto nivel ese era el término que podría usar para mí algún día, pero aún no, porque no estaría a salvo".

Aunque cuando River cursaba su último año de universidad, esconderse resultó demasiado. Para el momento de graduarse, River vivía un trauma personal complejo mientras intentaba lidiar con su salida del clóset. Cuando le pregunté por la reacción de su familia, dio un profundo suspiro. "Salí del clóset como un hombre gay por primera vez con mis padres y se desató un infierno. Fue una pesadilla. Me expulsaron de mi iglesia natal y también de mi casa. Estuve entre tres semanas y un mes fuera de mi hogar".

Para River, irse de casa fue un gran problema. A causa de las constantes mudanzas y de la asistencia que debía darle a su madre, recibió educación domiciliaria hasta la universidad. Siete años después, cuando siguió su llamado al ministerio y comenzó el seminario, vivió con un grupo de hombres en el alojamiento provisto por la institución. Dado que nunca había tenido hermanos y nunca había vivido en una casa con otros hombres, se topó con una nueva oportunidad para pensar más profundamente tanto en la sexualidad como en el género. "¡Y me di cuenta de que no era gay! ¡Había algo diferente con estos hombres que simplemente no entendía!". Pero si la sexualidad no explicaba esa diferencia, ¿qué podría ser? Investigó un poco y, para el final del primer semestre, estaba probando diferentes apodos y nombres en un intento por entender cómo su conciencia y experiencias diferían de las personas cisgénero de alrededor. En agosto, al final de ese primer verano en el seminario, empezó a unir algunas piezas. Y fue también cuando River encontró su nombre.

No todas las personas transgénero dan con el nombre adecuado enseguida. De hecho, muchos compañeros trans se encuentran en la misma posición en que alguna vez estuvieron sus padres cuando buscan en libros de bebés, elaboran listas y dicen nombres en voz alta para ver cómo suenan. Podrías terminar probando varios antes de encontrar uno que funcione. Aquellos que quieran ilustrar una parte específica de su personalidad transforman en algo formal algún apodo que ya tenían. Otros compañeros trans quieren solidificar sus lazos con su familia y comunidad y escanean el árbol genealógico en busca de nombres apropiados o, si les es posible, preguntarán a sus padres en qué alternativas pensaron cuando nacieron. Muchas personas seleccionan una característica —sea una que los describe en el presente o una que describa quiénes esperan ser— y encuentran nombres que poseen ese significado en otro idioma, como Asher, que significa "feliz", o Valencia, que significa "valiente". ¡Incluso podrías elegir el nombre de uno tus personajes de ficción favoritos con el que has estado muy identificado o alguno de sus atributos personales que admiras!

Una de las formas más comunes de cambiarse el nombre, tanto en la Biblia como para los compañeros trans hoy, es modificar ligeramente la pronunciación de su nombre de nacimiento para que suene similar pero que tenga una connotación o significado ligeramente diferente. Por ejemplo, podrías cambiar de Bobbi a Bobby, de Mason a Madison, o de Emily a Emile. Hay un gran ejemplo de este tipo de cambio leve en Génesis cuando Dios renombra a Abraham y a Sarah:

> Abram cayó con el rostro en tierra, mientras Dios le seguía diciendo: "Esta será mi alianza contigo: tú serás el padre de una multitud de naciones. Y ya no te llamarás más Abram: en adelante tu nombre será Abraham, para indicar que yo te he constituido padre de una multitud de naciones…". También dijo Dios a Abraham: "A Sarai, tu esposa, no la llamarás más Sarai, sino que su nombre será Sara. Yo la bendeciré y te daré un hijo nacido de ella, al que también bendeciré. De ella suscitaré naciones, y de ella nacerán reyes de pueblos". (Gn. 17: 35, 15-16)

Aunque Abram no tenía ningún hijo con su esposa Sarai previo a este punto, su nombre de nacimiento quería decir "padre exaltado", lo cual probablemente se sentía como una dolorosa ironía. Sin embargo, cuando Dios cambia su nombre, se convierte en Abraham, que quiere decir "padre de muchos". Dios no solo le da un nombre nuevo, sino una nueva identidad y una nueva promesa. El cambio en la forma de escribir Sarai a Sarah no modifica el significado básico de su nombre —Sarah significa "princesa"—

pero el hecho de que Dios le dé a Sarah un nombre nuevo significa que le otorga intencionalmente una nueva identidad y bendice a ambos —Abraham y Sarah— por igual. Como descubrimos más adelante en la historia, el pacto que Dios hace con Abraham no tiene efecto si Sarah no está incluida.

Cuando observamos las historias renombramiento en la Biblia, a menudo encontramos que un personaje es recompensado con un nombre que nunca había pedido. Si bien estoy seguro de que Abraham apreció el nuevo nombre y la promesa que Dios le dio, y que Pedro probablemente se sintió honrado en el momento que Jesús lo proclamó el fundamento de su iglesia, no todos dan con su nombre tan fácilmente. Algunas personas tienen que pelear por él.

Jacob y Esaú eran los nietos de Abraham y Sarah. Incluso antes de nacer, Jacob, el mellizo más joven, era conocido como el problemático. Génesis 25 nos dice que cuando Sarah dio a luz al primero de los dos, estaba cubierto de suave vello de bebé, así que lo nombraron Esaú, que significa "peludo". El segundo mellizo nació inmediatamente después, aferrado al talón de su hermano, así que lo nombraron Jacob, que puede ser traducido como "aquel que sostiene el talón", aunque también significa "usurpador". Ya en su juventud, Jacob trataba de superar a su hermano mayor. Mientras que Esaú era fuerte, Jacob era inteligente y astuto como un zorro. Eventualmente, Jacob consiguió que su hermano le vendiera la herencia que Esaú debería haber recibido como hijo primogénito, y engañó a su padre para que le diera la bendición familiar que iba con la herencia. Jacob se fue lejos de casa por miedo a que Esaú tratara de matarlo para conseguir de vuelta la herencia y la bendición.

Años después, Dios le dijo a un mayor y más maduro Jacob que regresara con su familia. Jacob estaba increíblemente asustado, pero empacó su nueva casa —compuesta por ganado, sirvientes, dos esposas y muchos niños— y emprendió el regreso. La última noche antes de que el convoy estuviera listo para encontrarse con Esaú, Jacob decidió dividir la caravana, enviar regalos por delante para apaciguar a Esaú y separar a las mujeres y los niños en otro grupo para protegerlos de represalias. Jacob decidió pasar la noche solo —o eso creía.

> (...) quedándose solo. Entonces un hombre luchó con él hasta el amanecer. Cuando ese hombre se dio cuenta de que no podía vencer a Jacob, lo tocó en la coyuntura de la cadera, y esta se le dislocó mientras luchaban. Entonces el hombre le dijo, "¡Suéltame, que ya está por amanecer!". "No te soltaré hasta que me bendigas!" respondió Jacob. "¿Cómo te llamas?" le preguntó el hombre. "Me llamo Jacob" respondió. Entonces el hombre le dijo: "Ya no te llamarás Jacob, sino Israel, porque has luchado con Dios y con los hombres, y has vencido". "Y tú, ¿cómo te llamas?" le preguntó Jacob. "¿Por qué preguntas cómo me llamo?" le respondió el hombre. Y en ese mismo lugar lo bendijo. Jacob llamó a ese lugar Penuel, porque dijo, "He visto a Dios cara a cara, y todavía sigo con vida". Cruzaba Jacob por el lugar llamado Penuel, cuando salió el sol. A causa de su cadera dislocada iba rengueando. (Gn. 32: 24-31, NVI)

El nombre nuevo de Jacob —Israel— es un tanto confuso para los traductores, pero la mayoría de las veces es interpretado como "aquel que ha luchado con Dios" o "uno que ha peleado con Dios y ha perseverado". Esta imagen —la lucha de Dios con los humanos— es increíblemente familiar para los cristianos trans que han pasado una parte de la vida lidiando con su fe y su género. A veces tenemos que pelear para poder reconocer nuestro género; a veces tenemos que pelear para ser vistos como cristianos; y a veces se siente como si estuviésemos aferrándonos a Dios con ambas manos y rehusándonos a dejarlo ir hasta que nos dé algo. Esa hambre y sed de justificación, justicia, bendición y de gracia puede dejarnos paralizados cuando finalmente la recibimos, pero también nos puede dejar rengos.

Ya han pasado tres años desde que River obtuvo un nuevo nombre, y muchos de los miembros de la familia todavía no lo usan. "Mi madre me llamó River por primera vez hace un par de meses atrás. Mi padre todavía no. Por su trasfondo religioso, simplemente no… no puede. No me llama de ninguna manera; se limita a señalarme".

Esto no es inusual para los padres cristianos que no saben cómo responder cuando su hijo resulta ser transgénero. Si les han dicho que ser trans va en contra de la voluntad de Dios, es posible que se sientan divididos entre su fe y el amor por su pequeño. En estos casos, los padres cristianos y sus hijos trans pelean prácticamente la misma batalla. Ambos luchan para entender cómo honrar a Dios y amarse a sí mismos y entre sí al mismo tiempo. Los padres suelen usar el nombre de nacimiento de su hijo más seguido porque les recuerda cuando su hijo era pequeño y las cosas se sentían menos complicadas, pero esto puede llevar a que la persona transgénero se sienta como si sus padres no los consideraran realmente, o no les importara su hijo como un ser humano de carne y hueso. Otras veces, los padres pueden usar el nombre de nacimiento de una persona trans adrede, con el fin de realizar una declaración implícita sobre su desaprobación, lo que solo desencadena una respuesta de "huida o pelea" en sus hijos, que puede terminar en palabras hirientes o incluso en la pérdida de la relación.

Este tipo de reacciones de los padres hacen que las personas trans sientan que tienen que enojarse para ser escuchadas y, a veces, el objeto de molestia pueden ser amigos o familiares. Cuando le pregunté a River sobre como reaccionaron sus amigos y familia extendida, dijo:

> Bueno, solo estoy en contacto con dos de los amigos que tenía antes de transicionar, así que creo que eso habla por sí mismo de cuán duro fue para las personas de los círculos cristianos en los que me crie. Tuve que convertirme en una persona desagradable por un tiempo para que la gente honrara mi nombre, así que había mucha tensión. Me pasé como tres meses poniéndome de muy mal humor con las personas que no usaban mi nombre, pero a esa altura se dieron cuenta de que era importante, y algunas comenzaron a honrarlo, lo cual aprecié profundamente.

Luego de esta lucha inicial, River pudo hacer nuevos amigos que lx contuvieron y ayudaron a llevar a cabo una especie de funeral de su nombre de nacimiento. Un fin de semana, se juntaron en la costa del Lago Michigan y cada persona escribió sus memorias del nombre de nacimiento de River en trozos de papel. Luego de leer cada memoria en voz alta, River quemó cada trozo de papel.

"Uno de mis amigos habló de la alegría que sentía cuando escuchaba mi viejo nombre", recuerda River. "Otro amigo escribió sobre la ocasión donde nos conocimos. Otro, sobre las personas importantes de su vida que tienen el mismo nombre que yo. Escuché las memorias, las quemé, y dejé que fueran recuerdos que elijo llevar conmigo si quiero, pero que no tengo la obligación de hacerlo. Para mí fue una ceremonia muy poderosa".

Las personas trans no pueden esperar que los demás comiencen a usar un nuevo nombre o un nuevo conjunto de apodos sin practicar, pero lo mejor que pueden hacer los amigos y familiares para mostrar su apoyo es hacer un esfuerzo conjunto. Seguro habrá equivocaciones eventuales —al principio, quizás demasiado seguido. Si sucede, discúlpate rápidamente e intenta de nuevo la próxima vez. Cuando se trata del regalo de alguien que recién conoces, lo que importa es la intención.

Usar el nombre de elección de una persona transgénero en lugar del de nacimiento muestra respeto y demuestra que crees que ellos son quienes dicen ser. Si una persona cisgénero viene a una reunión de negocios y se presenta como Evelyn Smith, no le dirás "¡Bienvenida, Evie!". Si llega alguien nuevo a la iglesia y tiene una identificación que dice "Ted", no lo saludarías diciéndole "¡Qué bueno verte, Edward! Ted es el diminutivo de Edward, ¿no?". Usar el nombre de nacimiento de una persona trans —a menos que le hayas pedido un permiso especial de antemano— puede resultar descalificante en el mejor de los casos y malicioso —o incluso peligroso— en el peor, ya que el nombre de nacimiento de una persona puede exponerla como transgénero ante el resto y ponerla en peligro.

Actualmente, River trabaja para ordenarse en la Iglesia de la Comunidad Metropolitana, una denominación protestante que fue fundada a finales de 1960 especialmente para incluir a personas LGTBQ+, y está apasionadx por la intersección entre fe, identidades transgénero y enfermedades mentales. Le pregunté si les parecían útiles o hirientes etiquetas como "transgénero" o "enfermo mental". En respuesta, River me contó sobre una experiencia reciente cuando tuvo que ingresar a un hospital por un problema en su medicación.

Después de ser diagnosticadx con un desorden bipolar, River había sido prescrito con una medicación que se suponía lo ayudaría a regular la manía y la depresión pero, al cabo de una semana, las medicinas le habían inducido un estado de hipermanía que no pudo controlar. River se rio un poco mientras me explicaba: "Perdí el control completamente y decidí de que necesitaba teñirme el pelo de azul, pero de camino a comprar el tinte para el cabello seguía pensando 'debería estrellarme contra ese muro de hormigón'". Volvió sanx y salvx a casa, y estaba tiñendo su cabello cuando un amigo llamó. "Atendí, y de alguna manera, gracias a Dios, me hizo quedarme en el teléfono hasta que encontrara a alguien que me llevara al hospital".

Aunque una vez en el hospital River tuvo que enfrentar otros problemas. "Finalmente fui admitidx alrededor de la medianoche, y cuando me desperté a la mañana siguiente me encontré con un nombre que no era el mío, y con personas refiriéndose a mí con los pronombres equivocados. Me dijeron que así lo hacían porque eso es lo que decía mi licencia de conducir y certificado de nacimiento, por lo tanto debían llamarme así" (los hospitales y las clínicas no tienen que usar el nombre y el género que figuran en tus documentos legales, y las mejores prácticas del cuidado de la salud recomiendan siempre tener un lugar en los formularios de admisión para anotar tanto la identidad de género de una persona por su nombre elegido).[2]

"Peleé durante tres días, y cada vez que veía ese nombre, lo reemplazaba. No fue una experiencia divertida ni feliz. Había una persona en el hospital que era buena y honraba mi nombre; ella era queer y estaba casada con una persona queer, así que fue de ayuda educando al personal y haciendo el trabajo que yo no podía hacer como paciente". River tomó una buena bocanada de aire y agregó: "Si ella no hubiera estado allí, no lo habría logrado".

Como una persona transgénero que, además, atraviesa una enfermedad mental, River sabe que las palabras tienen un enorme potencial tanto para dañar como para sanar. La gente puede escoger llamarlx por el nombre de nacimiento y causar frustración y ansiedad, o puede optar por llamarlx con el nombre por el cual oró, meditó y eventualmente abrazó; y eso puede llevar a una relación más fuerte y segura. Del mismo modo, River señaló que las etiquetas como "enfermo mental" e incluso "transgénero" pueden usarse tanto positiva como negativamente. Ambos rótulos conllevan un estigma social y pueden ser usados para descartar a alguien por "raro"; alguien que no es digno de respeto, cuidado o amor. Por otro lado, ponerse una etiqueta significa más facilidad para encontrar otras personas como tú y los recursos que necesitas para vivir una vida más saludable y feliz. En algunos casos, la lucha por un nombre o una etiqueta se convierte en algo tan emblemático que crea una comunidad que antes no existía. Piensa en Jacob y el modo en que abrazó su nuevo nombre, Israel, que designaría a sus descendientes hasta hoy.

La misma lucha por un nombre y por sobrevivir perdura hasta hoy para muchos compañeros trans. Como lo expresa River:

Hay algo muy poderoso en tener una enfermedad mental y mi experiencia trans; ambas cosas hacen que sea muy difícil vivir. Y hay algo muy poderoso en afirmarlo y decir "Si, esto es parte de mí, me toca vivir con esto". Hay poder en nombrarlo, porque te da los recursos para aprovecharlo. Te da comunidad, te da diferentes lugares para buscar y encontrar cosas, y te da la habilidad de honrar tu experiencia de formas que dan vida.

Dios rompe las reglas para incluirte

A mediados de noviembre del 2013, me topé con una porción de la Escritura que me cambió la vida. Tenía veinticinco años en ese momento, empezaba mi segundo año de una maestría en estudios bíblicos e iniciaba tímidamente el proceso de salir del clóset como transgénero. Por un lado, sentía alivio por enfrentarme finalmente a algo de lo que había estado huyendo durante tanto tiempo. Por otro lado, ahora que había admitido internamente esta verdad sobre mí mismo, sentía como si estuviera albergando un secreto peligroso. La felicidad por darle algún sentido a mi propio funcionamiento interno fue rápidamente eclipsada por la potencial crisis que se cernía sobre cada conversación con mis padres.

De hecho, parte de la razón por la cual me había tomado tanto tiempo admitir que decisivamente me sentía hombre fue porque me aterraba contarle a mi familia. Sabía que decirles que era trans sería algo difícil para el sistema de creencias de mi padre y para el miedo de mi mamá por mi seguridad. La idea de hacerles atravesar un mal momento al explicarles que quería empezar una terapia de hormonas lo más pronto posible parecía mala. Los empujaría a un mundo donde amigos y miembros de la familia concentrarían su atención en sus habilidades como padres y en el que se preguntarían por qué su primer hijo no podía simplemente encajar en el cuerpo que Dios le había dado.

Sabía que si les contaba que era trans estas conversaciones serían parte de nuestra nueva realidad. Se nos pediría explicar cómo mi identidad trans encajaba en nuestra fe, y eso era algo para lo cual todavía no tenía una respuesta. En mi corazón, mi relación con Dios no había cambiado, porque en realidad yo no había cambiado. Al salir del clóset como transgénero, lo único que estaba haciendo era reconocer algo que había sido parte de mí desde que tenía memoria —y que nunca había interferido con mi fe. Había crecido cantando "Jesús me ama" e internalizando el mensaje de que Dios me conocía mejor que yo mismo. Pensaba que si estas cosas habían sido ciertas toda mi vida y si había experimentado estos sentimientos de género durante todo ese tiempo, entonces el amor de Dios y mi identidad trans no podrían ser mutuamente exclusivos.

Pero todavía tenía un zumbido en el fondo de mi mente —eco de la teología conservadora que había internalizado mientras crecí— el cual indicaba que estaba bien si mi género era poco convencional, siempre y cuando no intentara hacer algo al respecto. Sonaba y se sentía similar a muchos de los mensajes que había recibido cuando me declaré bisexual en la adolescencia: Dios todavía te ama, pero no actúes según esos sentimientos —o verás. Eso quería decir que la terapia de hormonas y la cirugía estaban fuera de discusión, así como cambiarme el nombre o los pronombres con los que deseaba que se refirieran a mí.

Como estudiante de los textos bíblicos, solo encontré un versículo referido a los cambios en el cuerpo relacionados con la genitalidad. Deuteronomio 23: 1 manda: "El que tenga los testículos mutilados o el pene cortado no será admitido en la asamblea del Señor". Tuve que preguntarme si este pasaje estaba destinado a prohibir cualquier tipo de modificación corporal de las características sexuales, o si estaba destinado a ser leído como una restricción impuesta únicamente a las personas con esos órganos reproductivos particulares. Si era así, ¿qué significaba para las mujeres trans que escogen removerse el pene y los testículos durante la cirugía de confirmación de género? Independientemente de eso, el versículo parece establecer un precedente problemático.

Tenía mucho para trabajar conforme trataba de imaginar formas en la cuales mi fe podría intersectarse con mi reciente entendimiento de la identidad transgénero. Gracias a tener lo que consideraba una sólida relación con Dios, y porque mi identidad de género era un hecho, no me pregunté si debía escoger entre mi identidad de género y mi fe. En su lugar, me encontré preguntándome "¿Es posible abrazar del todo ambas partes de mi identidad y ser bienvenido en una comunidad cristiana?".

Durante las vacaciones de Acción de Gracias ese mismo año, me encontré luchando por elegir un tema para mi tesis de maestría. Una tarde, agarré mi Biblia de entre una pila de libros académicos, con la idea de leer superficialmente varios de mis pasajes favoritos, esperando encontrar algo intrigante. Me senté en el suelo al lado de la biblioteca y abrí esa pesada Biblia de estudio, llena de notas extensas y líneas resaltadas.

Cuando era niño trataba a la Biblia como una bola de cristal. Nuestro pastor decía que todas las respuestas podían ser halladas en la Escritura, así que yo cerraba los ojos con fuerza, la abría en una página al azar, colocaba mi índice en alguna parte de la hoja y luego abría los ojos para ver lo que Dios tenía que decir sobre mi circunstancia particular. Lo mejor era que si el pasaje no me gustaba o no entendía la respuesta, ¡solo volvía a repetir todo el proceso!

No lo había vuelto a hacer en más de una década, pero aquella noche en particular tomé este gran libro entre mis palmas y dejé que se abriera por sí mismo. Y, ¡zas! Justo en el medio de la página apareció Isaías 56: 38; flotó lentamente fuera del texto para entrar en mi corazón:

Que no diga el extranjero que se ha unido al Señor,

"El Señor me excluirá de su Pueblo";

y que tampoco diga el eunuco,

"Yo no soy más que un árbol seco".

Porque así habla el Señor:

A los eunucos que observen mis sábados,

que elijan lo que a mí me agrada

y se mantengan firmes en mi alianza,

yo les daré en mi Casa y dentro de mis muros

un monumento y un nombre

más valioso que los hijos y las hijas:

les daré un nombre perpetuo,

que no se borrará.

Y a los hijos de una tierra extranjera que se han unido al Señor

para servirlo, para amar el nombre del Señor

y para ser sus servidores,

a todos los que observen el sábado sin profanarlo

y se mantengan firmes en mi alianza—

yo los conduciré hasta mi santa Montaña

y los colmaré de alegría en mi Casa de oración;

sus holocaustos y sus sacrificios

serán aceptados sobre mi altar,

porque mi Casa será llamada Casa de oración

para todos los pueblos.

Oráculo del Señor,

que reúne a los desterrados de Israel:

Todavía reuniré a otros junto a él,

además de los que ya se han reunido.

Quedé estupefacto. Podía jurar nunca haber escuchado sobre estos versículos antes en mi vida, a pesar de haberlos leído a lo
largo del libro de Isaías para una clase hacía solo un año. Sentí
una conexión inmediata con el eunuco y el extranjero. Su miedo
a la marginación, a ser olvidados, a quedar fuera de la familia de
Dios —todo basado en identidades tan poco elegidas como el lugar de su nacimiento y tan intrínsecas como la forma de sus cuerpos. Sus miedos también eran mis miedos. Aun así, aquí estaba
Dios, hablando a través del profeta Isaías, aquietando los miedos
y prometiendo una bienvenida absoluta.

Al día siguiente fui a la oficina de mi tutor de tesis y le pregunté si podía escribir sobre Isaías 56: 18. Tenía que saber, ¿había conexión directa entre las experiencias de los eunucos en el
mundo antiguo y las personas transgénero en la actualidad? Este
texto, ¿podría ser interpretado como el llamado a una bienvenida
total para las minorías de género?

Antes de empezar a responder estas preguntas, necesitaba

conocer el contexto. Resultaba ser que existía una relación entre Deuteronomio 23: 1 —el versículo sobre la modificación de los genitales— y el texto de Isaías que ahora estaba explorando.

El libro de Isaías en sí mismo había sido escrito en un periodo de aproximadamente dos siglos, que comenzó a finales del siglo VIII a. e. c.[1] Al haber tomado tanto tiempo elaborarlo, y dadas las pistas estilísticas y las referencias históricas en el texto, sabemos que fue escrito y compilado por, al menos, tres personas —aunque nos referimos a todos ellos como "Isaías". En los tiempos del primer Isaías, el reino original de Israel que recordamos de las historias del Rey David había sido dividido en dos: Israel y Judá. El primer Isaías vivió en el reino de Judá; en sus escritos, que van del capítulo 1 al 39, encontramos historias, profecías, y algunas advertencias increíblemente coloridas para los líderes de ambos reinos. Isaías 1: 23 abre el libro de esta forma:

¡Escuchen, cielos! ¡Presta oído, tierra!

porque habla el Señor:

Yo crié hijos y los hice crecer,

pero ellos se rebelaron contra mí.

El buey conoce a su amo

y el asno, el pesebre de su dueño;

¡pero Israel no conoce,

mi pueblo no tiene entendimiento!

No es un comienzo muy auspicioso. Israel y Judá eran, en esa época, reinos muy poderosos con una gran riqueza. También habían tenido cierta tendencia a ir a la guerra contra los reinos vecinos, sin haber recibido provocación alguna, esperando adquirir más recursos. Isaías le advirtió al pueblo de Israel y Judá que Dios no estaba complacido con el curso que estaban tomando las cosas y que, si continuaban abandonando al oprimido, engañando a las viudas, abusando de los huérfanos y, en general, siendo injustos con los más vulnerables en su sociedad, Dios libraría una terrible venganza contra las dos comunidades y su tierra.

Ni Israel o Judá prestaron demasiada atención a las advertencias del primer Isaías, y el pueblo de Dios fue atacado y devastado, en primer lugar por el Imperio asirio y luego por el babilónico. Los miembros de la familia fueron divididos intencionalmente y esclavizados; los gobernantes fueron enviados a prisión o asesinados; las casas fueron quemadas, y el templo —la morada santa de Dios, construida por el Rey Salomón, y hogar del arca del pacto—, demolido.

Aquí es donde viene la figura del siguiente Isaías. El segundo Isaías escribió desde el capítulo 40 hasta el 55 y le habló tiernamente a la gente que estaba entonces esclavizada en Babilonia. Puedes reconocer las palabras de apertura a los israelitas en Isaías 40: 12:

¡Consuelen, consuelen a mi pueblo,

dice su Dios!

Hablen al corazón de Jerusalén

y anúncienle

que su tiempo de servicio se ha cumplido,

que su culpa está paga,

que ha recibido de la mano del Señor

doble castigo por todos sus pecados.

El segundo Isaías fue el que anunció la luz al final del túnel. Se relacionó con la promesa de Dios de cuidar al pueblo, de hacer un camino para regresar a casa y volver a construir. También predijo que Ciro, el rey Persa, derrotaría a Babilonia y les permitiría a los israelitas regresar a su hogar, y esto fue exactamente lo que sucedió a comienzos del año 538 a. e. c.

Finalmente, en los últimos treinta años del siglo VI, los pueblos de Israel y Judá comenzaron a salir de Babilonia y emprendieron el regreso a su tierra natal. Es durante este tiempo que el tercer Isaías escribe su parte. La sección final del libro, que comienza en el capítulo 56, contiene su obra, que tiende a alternar frenéticamente entre el consuelo y la motivación a la frustración y la desaprobación, como una niñera sobrepasada que debe cuidar de demasiados niños pequeños. Esto no estaba lejos de la verdad, ya que el pueblo de Israel tuvo que empezar una vida desde cero luego de su regreso. El tercer Isaías fue el profeta enviado a guiar al pueblo a través del proceso de renacimiento y reconstrucción.

De vuelta en casa, los israelitas estaban perplejos porque les faltaba el templo. ¿Dónde se supone que realizarían los sacrificios? ¿Cómo, cuándo y dónde debe reconstruirse el templo? ¿Quién debe hacerse cargo de los deberes sacerdotales para el pueblo, ahora que tantas familias que habían pasado la tarea de generación a generación habían sido aniquiladas? Con el número de israelitas drásticamente reducido, ¿seguían siendo válidas las leyes en contra del matrimonio con otras culturas? Nadie sabía que hacer con los hombres israelitas que habían sido castrados en las cortes de los babilonios y los persas. ¿No había un versículo en alguna parte de la Torá que les prohibía ser parte de la comunidad?

El biblista hebreo Joseph Blenkinsopp nos dice que "la castración no era practicada en Israel, ni para los oficiales de la corte y el harén, ni como castigo judicial".[2] En contraste, los vecinos de Israel —que se convirtieron en Asiria, Babilonia y Persia— usaban la castración para diferentes fines. A veces servía como penalidad para un crimen o para marcar a alguien como un esclavo de por vida. Los eunucos también eran creados para formar un grupo de personas consideradas ni hombres ni mujeres —personas que se podían mover con facilidad entre espacios de género. Una vez que los cautivos de Israel y Judá fueron tomados como esclavos, muchos fueron castrados y puestos al servicio de las cortes babilónicas, lo cual, a su regreso, le trajo a Israel un nuevo problema para su comunidad.

Pero Deuteronomio 23 no se detuvo en las prohibiciones contra los eunucos. Continuó describiendo cada uno de los grupos étnicos que estaban fuera del alcance de los israelitas en lo que respecta al matrimonio. Siendo realistas, durante esas décadas de exilio, muchas personas del pueblo de Dios habían encontrado el amor y creado familias donde les había sido posible. ¿Qué se debería haber hecho con esas familias? La reconstrucción de una nación era difícilmente factible con el pequeño número de descendientes israelitas "puros" que quedaban. El sendero hacia la renovación parecía estar bloqueado en cada esquina por la propia ley de Dios. La gente necesitaba un camino a seguir.

En esta situación imposible, Dios pronunció una palabra de inclusión sin precedente:

Que no diga el extranjero que se ha unido al Señor,

"El Señor me excluirá de su Pueblo";

y que tampoco diga el eunuco,

"Yo no soy más que un árbol seco".

(Isaías 56:3)

Al principio me fue difícil explicar por qué sentí una conexión tan inmediata con el eunuco en el pasaje de Isaías. En términos de experiencia cultural, nuestras vidas no podrían ser más diferentes. No tenía idea de qué se sentía ser apartado de tu familia y de tu hogar, ser forzado a la esclavitud y que tu cuerpo se modifique contra tu voluntad. Pero había elementos de la historia sobre el regreso de los eunucos a Israel que sí me eran familiares: convertirse en alguien no bienvenido en tu comunidad de fe, por ejemplo.

De hecho, los eunucos en el mundo antiguo se encontraron en muchos de estos mismos tipos de espacios intermedios que las personas transgénero experimentan hoy. Históricamente, los eunucos eran cuidadores del harén del rey; estaban a cargo de cuidar las muchas esposas a las que cualquier rey se podría haber unido. Fueron confiados con esta tarea específicamente porque no había posibilidad de que un eunuco dejara embarazada a alguna de ellas y causara un problema de legitimidad en el linaje real. Estaban habilitados a permanecer en lugares donde solo podían entrar las mujeres porque no representaban ninguna amenaza contra los hombres o su paternidad. Los eunucos también actuaban como consejeros y se les permitía entrar a ciertos espacios reservados específicamente para hombres, aunque ellos mismos no eran considerados hombres. Vivían en el limbo entre géneros, atrapados en algún lugar de la escala social, unos peldaños por debajo de los hombres y un par de escalones por encima de las mujeres.

En los Imperios persa y babilonio este estado de género liminal no era considerado un problema, pero de regreso a su casa entre los israelitas, cualquier cosa que no podía ser categorizada era sospechosa. Los límites estrictos eran la columna vertebral de la ley —codificada en Éxodo, Levítico y Deuteronomio— y había prohibiciones en detalles como la ropa hecha de fibras mixtas, y campos plantados con dos tipos de cultivos. Los eunucos no tenían un lugar en la sociedad. No eran ni peces ni aves.

En Levítico 21: 16-21, a Moisés se le dice que los descendientes de Aarón —aquellos de la familia sacerdotal— no debían tener ningún defecto físico y no debían tener los testículos aplastados, si pretendían ser admitidos para servir en el templo. Esto les prohibía a todos los eunucos ser clérigos. Luego, en Deuteronomio 23: 1 vemos que también se les prohíbe ser parte de "la asamblea del Señor", lo cual podría ser interpretado como una expulsión de los lugares de adoración o como un destierro de la sociedad israelita. Sea cual sea el caso, los eunucos que regresaron del exilio se habrán encontrado en el medio de instituciones que intentaban legislar su salida de la existencia.

Hoy, para los compañeros transgénero en las comunidades cristianas, esta descripción puede ser muy familiar. Todavía nos encontramos parados en las escaleras de muchas iglesias preguntándonos si nos dejarán entrar. Todavía se nos niega ser ordenadxs en la mayoría de las denominaciones cristianas, al igual que a nuestros hermanxs lesbianas, gay y bisexuales.

La otra conexión importante entre los eunucos de los tiempos antiguos y las personas transgénero de hoy es la complejidad de nuestras relaciones reproductivas. Aunque ser transgénero no constituye una imposibilidad para engendrar hijos biológicos, el proceso se torna más complicado. A los compañeros trans que escogen hacerse cirugías de confirmación de género puede que se les remuevan los órganos reproductivos, y a esa altura —a menos que se preserven el esperma o los óvulos— nos encontramos completamente en los zapatos de un eunuco.

En la sociedad israelita antigua, los hijos no solo eran una bendición de Dios, también tu legado. La descendencia aseguraba que serías recordado y te garantizaba un futuro en la comunidad. En Génesis 15, Dios le prometió a los estériles Abraham y Sarah tierra e hijos —evidencia tangible de una bendición y un pacto. Así que no es sorpresa que aquellos que no podían tener niños quedaran exentos del pacto. Vivir fuera del pacto era estar afuera de la comunidad.

La habilidad de producir descendencia era una parte tan intrínseca de la identidad israelita que no parecía negociable. Cuando los eunucos experimentaron el cercenamiento físico que cambió su identidad, también experimentaron el de su futuro y cultura. Aun así, a lo largo de la Biblia, muchas de las mujeres de las que se pensaba que eran estériles fueron bendecidas con una familia y, subsecuentemente, traídas de los márgenes de su sociedad. ¿Se podría hacer algo similar con los eunucos?

Pensaba en este problema un día de primavera, unos cuatro meses después, mientras caminaba durante una mañana de servicio en la capilla del seminario. Pensé en los estudiantes que habían guiado la liturgia de la cual había sido parte, y en cuántos de nuestros candidatos para la ordenación no lucían del modo en que los escritores de la Biblia hubiesen esperado que lo hicieran. Por una razón, los autores de los preceptos en Éxodo, Levítico y Deuteronomio se hubiesen escandalizado de ver a los gentiles leer los textos sagrados, ¡y ni siquiera en el hebreo original! Los discípulos de Jesús podrían haberse escandalizado al ver predicar a las mujeres. Dependiendo en qué parte de su ministerio lo encuentres, el apóstol Pablo probablemente haya estado sorprendido de ver a los compañeros abiertamente LGTBQ+ guiar oraciones, y personas que se habían divorciado distribuir los elementos de la eucaristía. Aun así, aquí estamos, todos nosotros, el cuerpo de Cristo, conmemorando la vida y muerte de Jesús.

Varios de los textos que había leído en Isaías 56: 18 eran cuidadosos en señalar que aunque el versículo 5 promete al eunuco un lugar en la casa de Dios, eso no necesariamente apunta a que a alguno de ellos se le permitiera convertirse en sacerdote. Benjamín Sommer nos recuerda que el pasaje "no atribuye roles sacerdotales a los eunucos ni a los extranjeros (dado que no se dice explícitamente que se acerquen al altar). Simplemente enfatiza que su presencia y sus ofrendas son bienvenidas en el monte santo".[3] Dado que solo los sacerdotes tenían permiso para acercarse al altar, parece que la prohibición contra aquellos que Levítico 21 considera "dañados" todavía se aplicaba en la comunidad de restauración de Isaías.

Pero ¿eso quiere decir que tenemos que guardar la misma tradición en nuestras comunidades cristianas actuales? Después de todo, ningún seminario digno de ser llamado así declararía a alguien no apto para el ministerio basado en una característica física como un miembro amputado, una discapacidad visual o un problema de crecimiento —todo lo cual hubiera sido inaceptable para la comunidad israelita, basados en esos mismos versículos de Levítico.

Empecé a caminar por el campus en dirección a las gruesas puertas de madera del edificio de la biblioteca. Me di cuenta de que, fueran o no aceptados los eunucos y extranjeros en el sacerdocio, Isaías pronunció una increíble palabra de bienvenida a dos grupos que probablemente nunca esperaron ser incluidos en el nuevo Israel. En tan solo ocho versículos, Dios les había dado tanto una confirmación de ser parte del futuro de Israel como un lugar dentro de la comunidad mientras vivieran. El día anterior había estado leyendo un artículo que sugería que Isaías intentaba abordar el estigma en contra de los israelitas que no podían tener hijos. C. E. Hammock, el autor del artículo, explica que los israelitas que no tenían hijos eran considerados desleales para la comunidad y para el pacto de Dios. Además, sugiere que también podría ser el motivo detrás de los versículos que parecen criminalizar los actos sexuales entre personas del mismo género. La percepción de la infecundidad como deslealtad, seguramente, se intensificó durante el intento de reconstruir y repoblar su patria después de la enorme pérdida de vidas que experimentaron durante el cautiverio.

Dios remedió esta situación al presentar a los eunucos un regalo que abrazaba su identidad, mientras que también les proporciona la llave para volver a la sociedad israelita. En oposición directa a la exclusión física y social que los eunucos habían experimentado, Dios les otorgó un nombre que nunca podría ser amputado, un nombre que Hammock dice que "funcionaría del mismo modo que para los hijos. Para el eunuco, una vida sin descendencia es una vida sin bendición, [lo cual resultaba] el mismo problema que para Abraham en Génesis 15: 2".[4]

De repente, mientras pensaba sobre la palabra "bendición", y en la historia de Abraham y Sarah, tuve una revelación. Me detuve por un minuto y miré hacia las nubes; se movían lentamente por el cielo azul. Lo que Dios les estaba dando a los eunucos a través de la proclamación de Isaías no era solo un lugar en la sociedad —ni solo esperanza para un futuro. Al entregarles el mismo tipo de regalos que se les dió a Abraham y Sarah —un nombre, legado, familia, aceptación y bendición— Dios estaba asociando estas dos historias en las mentes del pueblo. Dios les estaba dando a los eunucos una historia con la cual conectar —una que establecía un precedente, cimentado en la gracia divina.

Esa era la historia que necesitaba escuchar. Necesitaba saber que mis problemas eran como los problemas de los eunucos, que eran como los de Abraham y Sarah, y que todas estas complicaciones serían superadas por el gran amor de Dios. Mientras entraba a la biblioteca, sentí como si las piezas se unieran, pero no tenía la seguridad de que la imagen completa hiciera alguna diferencia. Al final, resultó ser que el nuevo Israel del tiempo de Isaías no estaba listo del todo para darle la bienvenida a los eunucos, a pesar de las palabras de Dios. ¿Serían diferentes de las comunidades cristianas de las que formé parte?

Comencé con la terapia hormonal en noviembre del 2014, un año después de haber descubierto Isaías 56. Para esta época, había terminado mi tesis, estaba graduado del seminario, y había salido del clóset con mis amigos y familia. Algunos lo tomaron mejor que otros.

Una noche, mientras hablaba por teléfono con mi papá,

comenzó a preguntarme cómo entendía mi identidad de género. Las conversaciones sobre estos problemas en el pasado siempre me hicieron sentir como si habláramos dos idiomas diferentes. En algún sentido, creo que era así. Mis definiciones de términos como *sexo* y *género* eran diferentes de las de él, parcialmente debido a nuestra brecha generacional. En algún punto hizo una pausa y casi pude escuchar cómo reunió sus pensamientos en silencio. Finalmente dijo: "¿Cómo entiendes teológicamente ser transgénero?".

Nadie me había hecho esa pregunta antes. Intenté expresar mis pensamientos sobre los eunucos en el mundo antiguo en algunas oraciones, pero en el momento en que colgamos me di cuenta de que las cosas no habían salido del todo bien. Esa noche fui a la cama dándole vueltas a su pregunta una y otra vez. ¡Había tantas cosas que quería decir!

Quería contarle que a través de Isaías Dios me había dado un sentido de pertenencia que no podía ser removido. Creía que, al declarar aceptables a aquellos fuera del binarismo de géneros, Dios me declaraba aceptable. Quería decirle que cuando leí que los eunucos se alegrarían en la casa de oración de Dios, me convencí de que las personas transgénero están destinadas no solo a sobrevivir en la comunidad cristiana, sino a prosperar.

Había varios textos bíblicos que me ayudaban a entender la confluencia entre mi identidad de género y mi fe, pero era Isaías 56: 1-8 el que me ayudaba entender el poder de una historia compartida. Aunque los eunucos no se encontraban exactamente en las mismas circunstancias que sus ancestros Abraham y Sarah, la bendición que recibieron era lo suficientemente similar como para invocar esa memoria antigua. Del mismo modo, mi vida no reflejaba exactamente la vida de los eunucos israelitas, pero los obstáculos a los que me enfrente fueron tan análogos y requerían una solución tan similar, que nuestras experiencias se unieron.

Es esa combinación de aceptación y narrativa compartida que puede darles a los cristianos transgénero el coraje de formar un espacio para ellos mismos en una iglesia global que a menudo los ignora o los persigue activamente. Saber que perteneces a un Dios que reúne a los marginados y que manda abrirles las puertas a aquellos que están sentados afuera es el tipo de amor que lleva a la liberación. Dios no les pidió a los eunucos que se introdujeran dentro del molde de las normas sociales anteriores de Israel, ni que se retorcieran para encajar en los roles de género específicos del sistema de la época. En su lugar, lxs llamó a ser una comunidad transformada que luciera como algo que las personas jamás hayan visto.

En los extraordinarios meses que siguieron, tuve varias oportunidades de adorar junto a otros cristianos queer en comunidades que ejemplificaban la diversidad de género, etnia, clase y nacionalidad. Cada vez que veía alrededor mío aquel océano de rostros —todos diferentes, esperanzados y tan agradecidos de estar juntos— pensaba "esto debe ser algo parecido a lo que vio Isaías. Así es como luce convertirse en una casa de oración para todos los pueblos".

8

Los mejores discípulos son eunucos

Durante mis últimos meses en el seminario intenté encontrar una iglesia a la que unirme después de graduarme. Hubiese sido extraño seguir yendo a la capilla con los otros estudiantes todos los días, y realmente quería encontrar una comunidad que apoyara abiertamente mi identidad como persona transgénero. No estaba seguro de cómo empezar mi búsqueda, ¡pero afortunadamente tenía muchos amigos que eran pastores! Así que pregunté por aquí y por allá y me enteré de una pequeña iglesia luterana que se reunía en diferentes lugares en varios momentos del año. Tenían su culto en un parque público durante el verano, y en la habitación extra de una casa de retiro judía durante el invierno, y cada mes se reunían en un bar local y cantaban himnos. Como un bonus, escuché que la mayoría de las personas en esta pequeña comunidad eran artistas, escritores, músicos y otros raritos adorables —eran de mi tipo.

Luego de algunas semanas de asistir, sentarme en la parte de atrás y escuchar tranquilamente muy buenas predicas, empecé a conocer a todos. Al final de cada servicio, las personas se turnaban y les contaban los demás sobre lo que sucedía en sus vidas —lo bueno y lo malo. Una persona compartiría sobre su búsqueda de trabajo; una niñita de seis años nos contaría sobre su fiesta de cumpleaños reciente; un adolescente tímido informaría sobre una prueba en la que obtuvo una buena calificación esa semana. A estas personas les interesaba la vida del otro, y me hicieron sentir lo suficientemente a salvo para compartir un poco de la mía con ellos. La semana anterior había comenzado con el reemplazo de hormonas, subí y les conté a todos cuán entusiasmado estaba de que mi voz se volviera más grave, y de empezar a reconocerme en el espejo. Me felicitaron, y algunas personas se acercaron para decirme que estaban agradecidos de ser parte de mi viaje. Se sintió genial.

Los mantuve actualizados durante el resto de mi transición y, finalmente, llegué a dirigir una sesión de capacitación de aliados LGBTQ+ para ayudarles a manejar toda esa terminología complicada. Un día, como dos años después, uno de estos compañeros me dijo: "Oye, ¿recuerdas la capacitación que llevaste adelante hace un tiempo? Bueno, solo quería agradecerte porque mi hijo acaba de salir del clóset ante mí esta semana, y nunca hubiese tenido el conocimiento sobre qué decir si no hubiese estado ese día y no te hubiese visto atravesar tu transición. Ayudó mucho a nuestra familia".

Obviamente, no me presenté en esta iglesia el primer domingo con la idea de buscar la manera de cambiar algo o ayudar a nadie, ¡estaba buscando ayuda para mí mismo! Pero resultó ser que, cuando las personas trans son aceptadas en las comunidades eclesiales, y especialmente cuando son puestas en posiciones de liderazgo, pueden desenredar nudos y comprender cosas que otras pueden no ser tan rápidas para percibir.

De manera similar, en el Evangelio de Mateo, Jesús destaca a los eunucos, las personas no conforme con su género del mundo antiguo, como un ejemplo de personas con un don único para el discipulado en el reino de los cielos.

> Y él [Jesús] les respondió: "No todos en-
> tienden este lenguaje, sino solo aquellos a
> quienes se les ha concedido. En efecto, al-
> gunos no se casan, porque nacieron impo-
> tentes del seno de su madre; otros, porque
> fueron castrados por los hombres; y hay
> otros que decidieron no casarse a causa del
> Reino de los Cielos. ¡El que pueda enten-
> der, que entienda!". (Mt. 19: 11-12)

Lawrence Richardson es un hombre trans afrodescendiente y pastor que ha visto suceder estas cosas de primera mano. Creció como parte de la Iglesia Bautista del Sur, en una familia llena de misioneros y ministros, lo que significaba que en la primera parte de su vida su comunidad eclesial lo era todo. "La iglesia era algo que hacíamos porque simplemente era nuestra costumbre; así que para mí nunca fue una decisión no asistir", se reía. Aunque cuando Lawrence salió del clóset como queer en la secundaria, eso cambió. "No conocía la palabra 'transgénero', pero entendía que yo era algo diferente de lo que otras personas pensaban que era, solo que no era capaz de articularlo, así que utilicé la etiqueta 'queer'. Salí del clóset como queer, y ahí es cuando mi familia me dijo que no tenía permitido volver a la iglesia porque no era consistente o compatible con la teología del lugar. Así que me sentí fuera de mi comunidad religiosa por primera vez en mi vida".

Aunque esto fue increíblemente difícil para Lawrence, también lo empujó a explorar la religión y la fe por su propia cuenta, lo que le permitió considerar cosas que quizás no habría pensado de haberse quedado en su iglesia natal. Dice:

Comencé a explorar realmente la religión y la espiritualidad, y a desentrañar mi propia identidad. Asistí a diferentes iglesias y visité diferentes comunidades religiosas para ver cómo podía conectarme, porque sabía que Dios existía, y sabía que Dios estaba separado de la iglesia —también anhelaba ser parte de una comunidad eclesial. Así que fue mientras estaba en la universidad que me puse en contacto con cristianos progresistas e iglesias cristianas tradicionales que apoyaban a las personas LGTB.

Fue un gran alivio para Lawrence darse cuenta de que había iglesias cristianas que daban la bienvenida e incluían a compañeros queer como él, pero había otra parte importante de su identidad que no podía dejar fuera. "Crecí en Minnesota, y un lugar con alta segregación, así que siempre estuve consciente de mi identidad racial —eso fue lo que me dio una comunidad en primera instancia, incluso antes que la iglesia. Cuando salí del clóset como queer, al principio no recibí mucho apoyo de la comunidad negra, así que eso fue devastador; no solo perdí mi comunidad religiosa, sino mi comunidad negra".

Pero Lawrence no se dio por vencido. Y continuó la búsqueda, con la seguridad de que había otras personas como él.

Puede ser realmente difícil encontrar negros LGBT cristianos en algunos espacios. Cuando era joven, eras afortunado si encontrabas personas negras; pretender encontrar, además, personas negras gay, y luego personas trans negras es pedir demasiado. Para mí era muy importante estar en espacios donde podía ser yo plenamente y

> no tener que ser la persona negra o la persona trans de exhibición, o el único cristiano. Es difícil ser quien eres si hay una parte de ti que no es completamente aceptada en determinado espacio. Aunque mientras crecía, y conforme viajaba y era capaz de salir de mi pequeña burbuja, empecé a conocer personas de todos lados, y me di cuenta de que mi experiencia no era extraña: había cristianos negros que también resultaban ser LGTB.

Lawrence experimentó un llamado al ministerio cuando tenía veintiún años —justo en medio de su búsqueda de una nueva iglesia local. Se conectó con una mujer negra que también era lesbiana y ministra de una iglesia, y ella lo guio a través de su período de discernimiento, lo cual, a su vez, lo llevó al seminario. Lawrence encontró la comunidad que anhelaba en Unity Fellowship Church Movement, un colectivo de iglesias donde el liderazgo y los miembros son predominantemente afroamericanos y LGBTQ+. Desde el seminario le pidieron que hiciera un internado, pero no había ninguno disponible en la iglesia de Unity Fellowship, así que, otra vez, Lawrence echó sus redes para pescar una comunidad.

"Estaba buscando trabajo en una iglesia, y me topé con la Iglesia Unida de Cristo (IUC)[a] de manera muy fortuita. Había mucho allí con lo que conectaba, en términos de solidarizarse con un vasto rango de personas y tener una teología lo suficientemente amplia para aceptarnos, y también lo suficientemente amplia para aceptar a Dios. Fui contratado como ministro joven en

---

a United Church of Christ (UCC) aquí abreviada, por su traducción al español, como IUC (N. del T.)

una iglesia de la IUC, y se convirtió en mi casa muy rápidamente". Lawrence encontró allí la nueva comunidad que había estado buscando, y la que le brindó el apoyo que necesitaba cuando salió del clóset como transgénero hacía ya algunos años. Hoy no tiene dudas sobre el lugar al que pertenece y al que está llamado a trabajar. Hubo una pausa en nuestra conversación mientras hacía un cálculo mental, y luego dijo, emocionado: "¡He estado sirviendo en diferentes iglesias de la IUC durante diez años!".

La búsqueda de Lawrence por una nueva comunidad no es inusual entre los cristianos transgénero; muchos son exiliados de su iglesia luego de salir del clóset. El proceso hasta encontrar una nueva comunidad de fe puede ser extenuante, y muy a menudo se siente como si tuvieras que venderle a la iglesia la idea de que te dejen estar. A una congregación le puede parecer abrumador tener que aprender los pronombres con los cuales referirse, designar un baño de género neutro o tener conversaciones difíciles sobre lo que significa apoyar a las identidades LGTBQ+. Pero las personas transgénero no son una carga para el cristianismo y para la iglesia ¡Vienen llenas de dones!

La afirmación de Jesús de que los eunucos valen para el reino en Mateo 19: 11-12 sigue inmediatamente después de su enseñanza sobre el divorcio, en donde dice que dos personas no se deberían divorciar excepto en casos de impotencia, y los discípulos le responden "Si esta es la situación del hombre con respecto a su mujer, no conviene casarse". Ya que las palabras de Jesús sobre los eunucos vienen directamente después de esto, muchos académicos bíblicos han argumentado que no se está refiriendo literalmente a los eunucos, sino a ciertas personas que escogen la abstinencia o el celibato.[1] Otro grupo de teólogos va incluso más lejos y sugiere que Jesús recupera a los eunucos como una metáfora positiva para el celibato porque Él y sus discípulos habían sido llamados eunucos en un sentido peyorativo, dado que algunos no estaban casados.[2]

Pero ¿cómo y cuándo decidimos que Jesús no hablaba literalmente? Podría haber estado hablando acerca de las personas que habían nacido con características sexuales diversas, en el caso de los compañeros intersexo; sobre personas que habían sido castradas contra su voluntad, como lo eran muchos eunucos en tiempos bíblicos; y sobre personas que habían escogido una vida fuera de su sexo asignado.

Resulta ser que algunos de los primeros cristianos tomaron estos versículos al pie de la letra, ya sea en sus propias vidas o en sus enseñanzas, y eligieron castrarse o vivir fuera de los límites de su sexo asignado (o ambos). Personas famosas que tomaron estos versículos literalmente incluye a Valentín, Julius Cassianus, Basílides, Leoncio de Antioquia, Melitón de Sardes, Hilarión, Macario de Egipto, y, obviamente, Orígenes.[3] Si esos nombres no te resultan familiares, no te preocupes. En resumidas cuentas, algunos de los primeros cristianos hicieron exactamente lo que Jesús insinuó en el pasaje, y la práctica de la castración como una forma de devoción religiosa se volvió tan común que cuando se convocó el Concilio de Nicea en el 325 e.c., la primera regla que establecieron prohibió ser clérigo a cualquiera que hubiera sido castrado voluntariamente.[4]

Después del concilio, los líderes de la iglesia también decidieron que la lectura literal no era muy amigable con los conversos. Así como Jesús descubrió al confrontar al joven rico en el mismo capítulo de Mateo, es bastante duro ganar personas para un nuevo sistema de creencias cuando lo primero que le dices es: "Escucha, ¿viste todo ese dinero y poder que tienes? Dalo todo, ¡y te podrás unir a nosotros!". De la misma manera, los primeros obispos se dieron cuenta de que no era muy probable convencer a ningún miembro de la nobleza para que se hiciera cristiano si la castración estaba incluida entre las prácticas recomendadas. Para hacer las cosas un poco menos atemorizantes para las personas con mucho que perder, "se basaron en fuentes morales platónicas y estoicas medias, y teorías médicas contemporáneas que abogaban por la abstinencia como un medio para preservar y asegurar la masculinidad", y "al correrse a una lectura alegórica del texto, podían ofrecer a sus hombres convertidos el confort de una práctica menos amenazante pero sin embargo no menos rigurosa de la masculinidad".[5] Aquí es donde las personas comenzaron a atar el texto de Mateo 19: 11-12 al concepto del celibato más que a las vidas de los eunucos en tiempos de Jesús.

Teológica y teóricamente, el concepto de castración ritual por el bien del reino de los cielos tuvo algún tipo de sentido para los hombres del mundo antiguo. Sabemos que los hombres que vivían en el Imperio Romano alrededor del tiempo de Jesús tenían más poder que cualquier otro ciudadano, y de hecho, los hombres libres eran los únicos ciudadanos, dado que poseían la propiedad y participaban en la política, mientras que las mujeres, los niños y los esclavos eran considerados inferiores. Aunque el problema con estar siempre en la cima de la cadena alimentaria es que corres el riesgo de caerte. Como lo expresa J. David Hester, académico del Nuevo Testamento:

> Los hombres estaban constantemente amenazados con la posibilidad de volverse débi-

les a través de una variedad de actividades:
ya sea por bañarse en exceso, comer los
alimentos incorrectos, tener mucho sexo,
usar la indumentaria incorrecta, incluso por
disfrutar demasiado de algunas tareas poco
masculinas... En esta disposición, los eunucos eran la pesadilla encarnada para los
peores miedos de los hombres. Constituían
una formación de identidad monstruosa,
una fuente de confusión de sexo-genero.[6]

Al haberse hecho eunucos, los cristianos de la iglesia temprana habían rechazado intencionalmente el poder que tenían como
hombres en su cultura. Estaban procediendo de una manera que
tenía la consecuencia directa de situarlos más abajo en la jerar-
quía social. Pero ¿cuáles son las palabras finales de Jesús en Mateo 19? Promete que "muchos de los primeros serán los últimos,
y muchos de los últimos serán los primeros".

El teólogo Noruego Havlor Moxnes resume esta inversión
cuando pregunta:

¿El Reino de los Cielos en la prédica de
Jesús es una confirmación de la existencia
de los campos ontológicos del sexo y el
género? ¿No es más bien una inversión,
una apertura de campos? El mismo evangelio de Mateo parece sugerirlo cuando
combina el dicho del eunuco con la historia
de cómo Jesús invierte la posición de los niños (19: 1315): "Dejen a los niños, y no les
impidan que vengan a mí, porque el Reino
de los Cielos pertenece a los que son como
ellos".[7]

Aquí Jesús dice que no son los hombres adultos a los que le pertenece el reino. Son los niños, aquellos con ningún poder social en absoluto. En el mundo del revés del reino, desprenderse de las riquezas y el poder, humillarse y tomar asiento al pie de la mesa es simplemente sentido común.

Si bien todos los cristianos están llamados a ser parte del reino del revés, Jesús dice que esta enseñanza sobre los eunucos no es para todos. No todos los cristianos nacen intersexo, no a todos se les ha cambiado el cuerpo sin su consentimiento ni sienten el llamado a vivir afuera de las normas de género y sexo de su tiempo. Pero algunas personas experimentan este llamado a una vida en la cual pueden abrirse a Dios y a otros completamente; una vida en la cual renuncian al poder social que tendrían como persona cisgénero; una vida en la cual dejan atrás hogar y familia para seguir a Jesús exactamente como son.

Cuando le pregunté a Lawrence qué había aprendido sobre el discipulado como persona trans, pensó seriamente por un momento. Luego dijo: "Cuando pienso en las minorías sexuales o las minorías de género a las que Jesús estaba hablando aquí... sí; creo que tienen algo que enseñarle a la sociedad acerca del coraje, porque tienen que vencer demasiadas cosas solo para vivir el día a día".

Ya sea que fueras un eunuco en los tiempos del Nuevo Testamento o una persona transgénero viviendo en la actualidad, estás viviendo en una cultura que preferiría que te escondieras y mantuvieras la cabeza baja en lugar de tener la capacidad de elegir vivir una vida radicalmente honesta. Para las personas cristianas trans como Lawrence que son llamadas al ministerio, el llamado a reconocer su propia identidad puede sentirse inquietantemente similar. "Algunos de nosotros escogemos ser auténticos, reales; escogemos seguir nuestro llamado, ya sea que se relacione con la iglesia o con nuestra identidad de género", explicó. "Y para otros… bueno, es como Moisés. Incluso si no queremos seguirlo, no tenemos alternativa. El llamado en el alma es demasiado fuerte. Escucho el llamado de Dios en mi vida, y voy a seguirlo a donde quiera que me lleve, incluso hasta la muerte, y ese no es un mensaje que la sociedad convencional pueda escuchar".

Justin Tanis, otro pastor y teólogo transgénero, ha sentido esta misma conexión entre el llamado al ministerio y el llamado a la exploración de su identidad de género. Él lo explica de esta forma: "Creo que Dios me llamó a este viaje del género para aprender cosas particulares y para experimentar el mundo en un sentido más amplio. Fui llamado a confiar en Dios y a pisar en territorio no explorado para aprender sobre mí y sobre quién y qué me ha llamado a ser Dios. El llamado se trata sobre lo que debemos hacer y sobre quiénes debemos ser, así como en quién nos convertiremos".[8]

Los cristianos trans también le dan a la iglesia un modelo de autenticidad y una nueva visión de amor incondicional. "Cuando sales del clóset como trans, básicamente estás diciendo 'Ya sea que mi familia, trabajo, amigos me acepten o no, voy a vivir mi vida de la manera más auténtica que pueda'", dice Lawrence. "Y el mensaje de la iglesia usualmente es: debes cambiar, adaptarte y convertirte antes de que la iglesia te abrace, ame y acepte". Pero mientras concuerda con que las iglesias deberían sostener sus aseveraciones teológicas, sugiere que hay una diferencia entre las declaraciones de creencias como comunidad y la práctica de requerir a los individuos que acuerden primero con un dogma o un credo antes de ser bienvenidos, amados o respetados. "Siento como si la iglesia se hubiese convertido en un lugar donde esos requerimientos o bien imposibilitan que el amor suceda o limitan las maneras de demostrarlo. ¿Cómo sería la iglesia si tan solo aceptáramos a las personas por quiénes y cómo son, y las amáramos primero, antes de cualquier otra cosa?

Cuando una iglesia es solidaria con los trans, les permite que se muestren como son, sin pedir disculpas. Al hacerlo, le demuestran a todos los demás en la congregación que está bien traer todo su ser a la comunidad, que nadie tiene que "fingir hasta ser" un cristiano perfecto. Este tipo de autenticidad es especialmente importante para las personas más jóvenes, que a menudo ven a la iglesia como hipócrita y creen que ser un cristiano que se congrega significa que tienes que llevar una sonrisa falsa junto con el traje de domingo. Pero, una vez que contamos nuestras historias y nos dejamos ver —con fallas y pecados, llenos de belleza y tristezas, miedo, valentía y gozo— entonces podemos ser cristianos que pedimos perdón, caminamos humildemente con Dios, y que amamos a nuestros vecinos como a nosotros mismos.

A lo largo de los evangelios, Jesús nunca sana a un eunuco ni lo usa como un ejemplo negativo. Como señala J. David Hester:

> No hay ninguna sugerencia en absoluto de que ser un eunuco es ser alguien que necesita de algún tipo de "arreglo", "sanación" o "reinserción en la sociedad". Jesús sana al ciego, al paralítico, al poseído, al febril, al leproso, a la hemorrágica, incluso al

> muerto, en cada caso restaurándolos a una
> membresía plena en la sociedad. De todos
> modos, en el caso del eunuco, no hay una
> implicación en absoluto de "enfermedad" o
> "deformidad" social que necesitara ser res-
> taurada. En su lugar, el eunuco es sostenido
> como ejemplo a seguir.[9]

Ya sea que creas que Jesús estaba defendiendo la castración, el celibato, o algo totalmente distinto en Mateo 19, el hecho de que use a los eunucos como un ejemplo positivo es gigante. Quiere decir que conocía a personas que caían fuera de los límites del sexo y el género, y no las veía como rotas o moralmente corruptas. Las vio como personas con una variedad de experiencias y como portadoras de algo importante para enseñar al mundo sobre el reino de Dios.

Vayamos más allá: cuando Jesús pone al eunuco como ejemplo para los discípulos y para los cristianos de todas partes, no dice tan solo que pueden ser parte del reino de los cielos. Dice que el deseo por el reino de Dios a veces puede llevar a una identidad que cae fuera del binarismo.[10] Esto mete en problemas a ciertas creencias cristianas que afirman que Dios quiere que todos nosotros seamos cisgénero y hombre o mujer, y que el binarismo es requerido o natural.

El hecho es que cuando Dios nos llama a algo, siempre es un llamado para movernos fuera de los límites. Cuando los ministros son llamados, son llamados a salir de la vida secular que conocían a una nueva relación con Dios y los demás. Cuando los cristianos transgénero son llamados, son llamados a moverse del binarismo de género que nuestra sociedad valora a una relación más desafiante y aún más fuerte y más compasiva con Dios y otros. Junto a nuestros ancestros espirituales eunucos, los cristianos trans son tanto transformadores de otros como de sí mismos.

Lawrence fue concreto al respecto: "Realmente me siento más seguro sobre el hecho de que el reino de los cielos no es un lugar lejano, sino que es algo que ha comenzado aquí y ahora. Creo que la única manera de lograrlo es si vamos contra la corriente que dice que debemos ser como todos los demás, y en su lugar buscamos a Dios y le pedimos dirección para ser lo que Dios nos está llamando a ser. A veces, nos llama a ser algo inesperado".

9

Nada me lo impide

Cuando apenas iniciaba con mis videos de YouTube sobre ser transgénero y cristiano, me di cuenta de que iba a haber alguna que otra resistencia. Como regla general, las personas están más dispuestas a ser crueles por la web, cuando pueden elegir esconderse detrás de un avatar anónimo, y yo asumí que iba a tener algunos comentarios desubicados. Lo que no esperaba fue el número de personas que dejaron largos textos acusándome de no ser un "cristiano verdadero". Para muchos, este sistema de medición de "cristiano verdadero" parecía estar basado en si acuerdas o no con sus interpretaciones particulares de la Escritura o sus dogmas. A nosotros —los cristianos— nos gusta bastante atacarnos; nos encanta apuntar a la persona que está parada del otro lado de la vereda y que lee la Biblia a través de otros lentes o llega a una conclusión diferente de su significado, y declararlos herejes.

Este tipo de comportamiento está escrito en nuestra historia. En 1520 e.c., Martín Lutero, el fundador de la Reforma Protestante, fue llamado hereje por cuestionar las prácticas de la iglesia católica sobre el perdón de los pecados. Antes de eso, en el año 325 e.c., el emperador Constantino convino un concilio de aproximadamente trescientos obispos para decidir la posición oficial sobre la Trinidad, ¡porque había demasiadas malditas herejías por todos lados y las personas se confundían! En las Escrituras también encontramos personas excomulgándose entre sí y no poniéndose de acuerdo sobre la validez de la fe de otros, especialmente en la carta de Pablo a los Gálatas y en Hechos de los Apóstoles. Lo que entendemos de estos textos es que el apóstol Pablo, Simón Pedro y Santiago, el hermano de Jesús, desacuerdan en qué deberían hacer las personas para que se les permita bautizarse y ser cristianas. Algunos pensaban que solo los judíos que querían seguir a Jesús podían convertirse, mientras que otros pensaban que los gentiles (no judíos) también deberían poder hacerlo. Estas preguntas eran apremiantes, porque, a pesar de que los debates rugían en Jerusalén y a través de cartas de ida y vuelta por todo el mundo romano, ¡los seguidores de Jesús estaban difundiendo el evangelio sin ninguna guía oficial!

En Hechos 8 encontramos la historia de uno de estos apóstoles viajeros, un hombre llamado Felipe, que enseñaba en Samaria antes de escuchar el llamado de Dios: "El Ángel del Señor dijo a Felipe, 'Levántate y ve hacia el sur, por el camino que baja de Jerusalén a Gaza: es un camino desierto'. Él se levantó y partió. Un eunuco etíope, ministro del tesoro y alto funcionario de Candace, la reina de Etiopía, había ido en peregrinación a Jerusalén" (He. 8: 26-27).

Ya hemos hablado de los eunucos y cómo existieron fuera de los roles de género y expectativas aceptados de su tiempo, pero el eunuco que encontramos en Hechos 8 estaba fuera de la norma también en otros sentidos. Por ejemplo, era de Etiopía —un lugar considerado "los confines de la tierra" por esos días y una amenaza militar para el Imperio Romano.[1] Como etíope, seguramente era negro —aunque no necesariamente en el modo en que entendemos la identidad negra hoy, especialmente en los Estados Unidos, donde nuestro concepto de negritud es visto a través de los lentes de la esclavitud estadounidense—; ciertamente, era diferente de las personas a las que Felipe estaba acostumbrado ver.

Una segunda cosa que marcaba al eunuco etíope como un extranjero era su estatus como no judío ni gentil. En el texto se deja claro que no era judío de nacimiento, pero la historia tampoco lo llama gentil. Adicionalmente, es el bautismo de Cornelio, claramente categorizado como gentil, en Hechos 10 lo que inicia la conversación sobre la inclusión de los gentiles en la iglesia primitiva. El eunuco puede haber sido lo que la Biblia llama un "temeroso de Dios", que esencialmente significa que era una persona que adscribía a las creencias del pueblo judío a pesar de no haber nacido entre ellos. Esto lo situaba en un intermedio de las categorías establecidas en el binario judío/gentil. En el caso de que al eunuco no se lo excluyera del culto en el templo debido a su condición (ya que la bienvenida en Isaías 56 nunca fue implementada), lo habrían mantenido fuera de los santuarios internos porque no era judío de nacimiento ni tampoco un converso.

Por último, a pesar de haber sido puesto en un lugar de autoridad, el eunuco debe haber sido un esclavo o un exesclavo liberado, ya que hubiera sido inusual que una persona libre fuera castrada. Esto significa que el eunuco de Hechos 8, cuyo nombre nunca conocemos, estaba fuera de los límites de género, etnia, clase social y religión —una amenaza cuádruple.[2]

Obviamente, el autor de Hechos 8 no quiere que pasemos por alto estas posiciones intermedias en la historia, porque hace lo posible para resaltar el hecho de que todo tuvo lugar en un camino desierto, llamándonos a recordar que el desierto ha sido tierra de nadie para el pueblo israelita durante cientos de años. El académico trans Justin Tanis cree que "el hecho de que el eunuco encuentra a Felipe en medio de todos estos espacios 'intermedios' afirma el obrar de Dios fuera de los límites y convenciones humanos". Incluso puede ser que todo este encuentro "haya sido posible en parte por lo inusual del tiempo y espacio en el cual se encuentran".[3]

Si Felipe y el eunuco se hubieran encontrado en otro lugar —como en un templo cercano de Jerusalén—, ¿les habrían permitido los guardias de la puerta tener la profunda conversación que estamos por explorar? ¿Cómo afectan las vidas de los que están afuera los guardianes de la puerta hoy?

A menudo, el desierto es un espacio familiar para los cristianos transgénero. Es un lugar que contiene nuestras dudas y preguntas, y donde podemos armar nuestras carpas cuando todas las demás puertas se nos han cerrado. Es un lugar de certezas intermedias —a donde vamos cuando nos damos cuenta de que no podemos quedarnos más en el pasado, pero tampoco estamos seguros de cómo caminar hacia el futuro.

Nicole García pasó mucho tiempo de su vida en el desierto. "Mientras crecía, sabía que no encajaba en el rol en el que todos querían que encajase", me dijo. "Era la hija y nieta mayor del lado de mi madre, así que tenía una especie de lugar privilegiado en la familia, y había ciertas expectativas sobre mí". Como la mayor en una familia católica latina, Nicole experimentó presión para practicar deportes, salir con chicas e irradiar un machismo que simplemente no le resultaba natural. "No tuve novia hasta el primer año de la universidad. No había estado interesada en tener citas realmente porque tenía sentimientos hacia los hombres, pero eso no estaba permitido".

En lugar de perseguir a las chicas y jugar al fútbol, Nicole pasó su tiempo en la iglesia. "Era un muy buen chico católico. Iba a misa dos o tres veces a la semana. Estaba muy involucrado en la iglesia ¡En determinado momento formé parte del consejo congregacional! Y así, cuando cumplí dieciocho discerní un llamado: ¡quería ser sacerdote! Fui con mis padres y les conté mi deseo, y mi mamá y mi abuela me contestaron con un simple *no*. 'No puedes hacer eso. Tienes que casarte y tener niños'".

Este fue un tropezón que la llevó a hacer borrón y cuenta nueva. Trató de imaginarse en otra profesión —alguna carrera fuera de la iglesia. Decidió aplicar a alguna escuela de estudios superiores, pero luego de entrar y estudiar algunos años, se dio cuenta de que estaba perdida. "Iba a los clubes, me quedaba afuera toda la noche y bebía mucho. En medio de todo eso, intentaba discernir qué hacer con mi vida; dudaba si dejar la escuela; y también atravesaba una crisis de fe. Había orado muchísimo a Dios para que me arreglara. Sabía que no encajaba en los roles en los que se suponía que debía caber". Nicole sintió que Dios la había abandonado y que había ignorado su pedido de oración para que le dejaran de gustar los hombres y usar ropa femenina a escondidas, algo que hacía desde niña.

Pero no era solo el silencio de Dios lo que hería la fe de Nicole. También entendía más sobre la historia de la iglesia católica.

Siendo hispana, reconocí que la iglesia católica había llegado y colonizado al Nuevo Mundo. Soy una mezcla de etnias —la ascendencia de mi madre se puede rastrear hasta los conquistadores, pero del lado de su madre (mi abuela) había indios Pueblo,

así que somos una mixtura del suroeste.
Cuando estaba en la universidad tomé muchas clases de chicano, y ahí enfatizaban el
hecho de que éramos un pueblo colonizado —que mi pueblo es de Nuevo México,
y que la frontera se movió sobre nosotros.
Mis ancestros se hicieron ciudadanos de los
Estados Unidos por el Tratado de [Guada-
lupe] Hidalgo, en 1848. Así que, por lo que
conocía de lo que la iglesia le había hecho
a mi pueblo, podía creer en Dios, pero no
podía creer en la iglesia.

Con su fe dañada y con el sentimiento de que su vida no tenía
dirección, no pasó mucho hasta que Nicole llegó a un punto de
quiebre.

"Para 1989 terminé viviendo detrás de una de las casas ro-
dantes de mi primo, y orando a Dios durante la desintoxicación.
Me di cuenta de que mi vida había ido horriblemente mal. Ahí es
cuando decidí ir a Alcohólicos Anónimos", me explicó. Alcohólicos Anónimos (AA) le ayudó a dejar el alcohol, pero también
le proveyó una comunidad en la cual ella podía hablar de Dios
y de la fe sin el bagaje cultural que acompañaba al catolicismo
o una estructura formal de iglesia. "En AA tienes que reconocer
que hay un poder superior; eso es parte del programa. Así que
cuando entré, me di cuenta de que podía creer en Dios —siempre
y cuando mantuviéramos nuestra distancia. Él no quería involucrarse conmigo, y yo no quería meterme con él". Nicole encontró
un modo de sobrevivir, pero todavía vagaba por el desierto.

Hay muchas formas de encontrar el camino a casa cuando
estás perdido. Si eres bueno con las direcciones, puedes agarrar
un mapa o usar una brújula; si no lo eres, siempre puedes sacar

tu teléfono inteligente. Pero ¿qué si no llevas nada de esto? En ese caso, podrías pedirle a alguien que te indique la dirección o guiarte personalmente a casa. Esto es exactamente lo que el eunuco etíope escogió hacer cuando conoció a Felipe.

> ...y [el eunuco] se volvía, sentado en su carruaje, leyendo al profeta Isaías. El Espíritu Santo dijo a Felipe, "Acércate y camina junto a su carro". Felipe se acercó y, al oír que leía al profeta Isaías, le preguntó, "¿Comprendes lo que estás leyendo?". El respondió, "¿Cómo lo puedo entender, si nadie me lo explica?". Entonces le pidió a Felipe que subiera y se sentara junto a él. (He. 8: 28-31)

Cuando empecé a explorar este pasaje por primera vez, esta pregunta —"¿Cómo lo puedo entender, si nadie me lo explica?"— me parecía extraña, incluso innecesaria. En mi formación espiritual siempre me enseñaron que cada persona puede leer la Biblia y aprender algo de ella por sí misma. Así que, ¿por qué el eunuco tendría que pedir ayuda? No fue hasta después que reconocí la desesperación en sus palabras. Esta persona había viajado desde Etiopía hasta Jerusalén simplemente para adorar en el templo, solo para encontrar que las puertas y las leyes bloqueaban su camino. Tuvo que darse la vuelta y volver a casa, y no se necesita mucha imaginación para sentir lo que probablemente sintió —frustración, decepción, confusión, rechazo y soledad. Ya había tratado de leer las Escrituras por sí mismo, pero no había funcionado. Es fácil imaginarlo preguntándose qué había hecho mal o qué parte de la Escritura había malinterpretado. Así que cuando

Felipe apareció en el camino y le preguntó si sabía de qué se trataba el pasaje, ¡por supuesto que aprovechó la oportunidad para obtener algunas respuestas!

Después de que Nicole salió de su propio espiral descendente, también estaba en necesidad de ayuda, pero no tenía idea de cómo pedirla. Dado que las personas transgénero no existían mucho en los medios de comunicación populares en la década de los 90 (y cuando aparecían, era retratados como enfermos mentales o como figuras trágicas que enfrentaban la muerte inevitable por violencia o SIDA), Nicole no se podía imaginar cómo luciría una vida como mujer trans. De hecho, el mundo "transgénero" ni siqueira figuraba en su léxico, y para ese tiempo la palabra más cercana que tenía para su identidad era "travesti".[a]

Si bien no quería la vida que su familia esperaba que tuviera, simplemente no parecía haber ninguna alternativa. Terminó conociendo a una mujer que le importaba, y se casaron al año siguiente. Tomó un trabajo en el servicio penitenciario, lo que ayudó a darle un poco de "reputación de macho". Mientras trabajaba como una oficial de cárcel en una prisión de hombres, encontró personas que pensó que podrían enseñarle algunas cosas:

> Había un exsargento de artillería de la marina que me acogió bajo su ala y me enseñó cómo ser una oficial —cómo caminar, hablar, obtener la cooperación de los individuos que no querían hacerlo. Aprendí cómo pelear. Aprendí cómo ser un hombre. ¡Era

---

[a] La diferencia entre estos dos términos tiene que ver con la identidad de género contra la expresión de género. Una persona transgénero tiene una identidad de género que entra en conflicto con su sexo asignado al nacer, y este problema es persistente. Alguien que se identifica como travesti, por otro lado, todavía se siente identificado con su sexo asignado en el nacimiento, solo que les gusta jugar con la vestimenta, accesorios, y estilo de pelo asociados con el género femenino.

relativamente buena en eso! Conseguí mucho respeto, y fui promovida rápidamente.
El problema era que ponerme el uniforme
era usar una fachada. Estaba muy enojada
todo el tiempo. Cuando me sacaba el uniforme era muy difícil que me relajara y poder ser quien era, así que empecé a beber
alcohol de nuevo.

Nicole fue capaz de hacer su papel de oficial de la correccional durante cinco años antes de que se volviera insoportable, y en su lugar decidió convertirse en oficial de libertad condicional, lo que le permitió dejar atrás algo de la ira con la que había tenido que armarse. La base de su matrimonio también comenzó a desmoronarse durante aquel tiempo y, luego de ocho años, Nicole y su esposa decidieron divorciarse. Después de pasar tanto tiempo intentando ser quien todos querían que fuera, la vida comenzaba a separarse por las costuras, otra vez.

Una noche, dos semanas después de que se mudó de la casa que había compartido con su esposa, Nicole estaba sentada en su nueva sala de estar con un vaso de whisky y un arma cargada. Había tratado de hacer todo lo que se esperaba de ella, y nada había funcionado. Se sentía sin opciones. "No podía entender por qué me había alejado de todo lo que se suponía que debía tener —suspiró—, pero decidí que no podía quitarme la vida, y fue entonces cuando volví a Jesús".

"¿Cómo sucedió? —pregunté— ¿Cómo era eso de 'volver a Jesús' para ti?".

Nicole se rio. "Bueno, no fue un momento típico de 'oh, por favor, ¡Jesús! ¡Jesús ayúdame!'. Fue más como 'ESTÁ BIEN, HDP, si voy a volver contigo, esta vez tienes que apostar a lo nuestro. Algo tiene que cambiar'".

Me reí con ella por un minuto. ¡Nunca había escuchado a alguien volver a Dios con una demanda! Pero claro, hay bastantes precedentes en la Escritura de un pedido como el de Nicole. El Salmo 44 es un gran ejemplo. El Salmista le presenta su caso a Dios, señala que las personas habían hecho todo lo que Él había pedido, pero aun así habían pasado cosas terribles. Entonces, clama a Dios, diciendo: "¡Despiértate Señor! ¿Por qué duermes? ¡Levántate! No nos rechaces para siempre. ¿Por qué escondes tu rostro y te olvidas de nuestro sufrimiento y opresión?" (Sal 44: 23-24, NVI). En efecto, Nicole estaba diciendo lo mismo —que ella había hecho todo lo que se le había pedido y que ahora era el turno de Dios. Le estaba pidiendo que se despertara y soplara algo de vida en la situación.

De alguna manera, el aliento apareció. "Un par de días después, estaba sentada en mi computadora y llegó un mensaje del programa de asistencia para empleados del estado de Colorado. Decía que si estaba deprimida, tenía tendencias suicidas o abusaba de alguna sustancia, los llamara y me darían seis sesiones gratis con un psicólogo. Y pensé 'Dios, ¡que rápido trabajas!'".

Nicole inició terapia esa misma semana, y su psicólogo fue capaz de ayudarla a lidiar con la depresión que había experimentado. Con el tiempo, también se abrió a su sexualidad y al hecho de que a menudo vestía prendas femeninas en su casa. El terapeuta la refirió al Centro de Identidad de Género de Colorado y a un grupo de apoyo para travestis. Ese grupo, a su vez, la derivó a una conferencia de diversidad de género, y allí finalmente encontró la guía que había estado buscando durante tanto tiempo. "¡Caminé a esta conferencia y encontré a cientos de personas que eran como yo! Fue increíble", dijo Nicole, efusivamente.

Casi por accidente, Nicole decidió ir a un taller de personas trans y transición médica. Se despertó temprano la segunda mañana de la conferencia y no pudo encontrar a ninguno de sus nuevos conocidos. "Pensé, 'está bien, esta plenaria no tiene nada que ver conmigo, pero no me quiero sentar sola en el lobby'. Así que fui al taller, y escuché mi historia. ¡Todo lo que decían me era tan familiar! Mientras estaba allí sentada, finalmente me di cuenta de que era Nicole. Era una mujer. Lo vi muy claro; me fue quitado un enorme peso de los hombros".

Los educadores y otros compañeros en la conferencia le dieron terminología y le aclararon algunas cosas que siempre había sentido como verdad, pero, más allá de eso, le dieron una comunidad. Además, se hizo de una amiga con la que mantendría contacto en los años venideros.

Una mujer trans que conocí en la primera conferencia también era oficial de policía, así que teníamos cosas en común. Hablamos casi a diario durante un tiempo. Le conté sobre mi fe reavivada y cómo Dios me había arrastrado a esa conferencia; le dije que quería encontrar una iglesia, pero sabía que no podía volver a la iglesia católica. Me contó sobre una iglesia luterana asombrosa y receptiva. Inicialmente, dije que no, porque como buen excatólico romano, ¡no podía ir a la iglesia de un sacerdote hereje que había sido excomulgado! Pero luego de la tercera vez que me invitó, pensé "quizás Dios intenta decirme algo". Así que fui a la iglesia luterana de San Pablo en el centro de Denver, y conocí personas increíbles. Eran cálidas y amigables, y me preguntaron si me había gustado el servicio. Además, celebraban una liturgia

parecida a la católica, así que ya conocía
todas las palabras. Lo único que no hacían
era arrodillarse, y podía vivir tranquilamente sin arrodillarme.

Así que Nicole fue capaz de hallar personas que la guiaran y
ayudaran a entender qué estaba haciendo Dios en su vida. En
octubre del 2003, después de asistir a unas clases para nuevos
miembros que la sumergió profundamente en el catecismo de
Lutero e impulsaron su amor por la teología luterana, se convirtió oficialmente en miembro de la Iglesia de San Pablo. Cuando
le pregunté cómo supo que era aceptada real y verdaderamente como miembro de la iglesia, bromeó: "Sabes que eres parte
de una iglesia cuando se te pide que seas parte del comité. ¡Me
pidieron unirme al comité de Reconciliación en Cristo al poco
tiempo!".

Vernos a nosotros mismos en la Escritura puede ser una tarea difícil. Si bien queremos que el texto nos hable a nosotros y a
nuestras vidas, no deberíamos poner nuestros propios prejuicios
o favoritismos e ideas modernas en la boca de los escritores ni
asumir que los autores bíblicos vivieron y pensaron tal como lo
hacemos hoy. La gente ha seguido esta línea desde que existen
los textos sagrados, y es alentador ver al eunuco en Hechos 8
luchar con el mismo problema. Afortunadamente, Dios situó a
Felipe justo en su camino para tratar de resolver juntos el asunto.

El pasaje de la Escritura que estaba leyendo era el siguiente:

"Como oveja fue llevado al matadero;

y como cordero que no se queja ante el que lo esquila,

así él no abrió la boca.

En su humillación, le fue negada la justicia.

¿Quién podrá hablar de su descendencia,

ya que su vida es arrancada de la tierra?".

El etíope preguntó a Felipe, "Dime, por favor, ¿de quién dice esto el Profeta? ¿De sí mismo o de algún otro?". Entonces Felipe tomó la palabra y, comenzando por este texto de la Escritura, le anunció la Buena Noticia de Jesús. (He. 8: 32-35)

El pasaje que leen Felipe y el eunuco es de Isaías 53: 7-8, lo que comúnmente ha sido llamada la canción del siervo sufriente. En los círculos cristianos, este texto ha sido entendido históricamente como una profecía sobre Jesús, sobre cómo Jesús sería crucificado y sufriría por el bien de la humanidad, aunque no tuviera pecado. Sin embargo, cuando el eunuco leyó el pasaje, no lo hizo a través de esos lentes, porque nunca había escuchado de Jesús, así que le preguntó a Felipe a quién se refería el pasaje.

Posiblemente, la pregunta era importante para el eunuco porque se identificaba muy fuertemente con el carácter de lo que estaba describiendo Isaías. También había experimentado humillación, específicamente en la forma de castración, y posiblemente también en la forma de esclavitud. Se le había negado la justicia; Dios lo invitaba a adorar en el templo, pero los guardianes de las puertas le impidieron ingresar. Debería estar preguntándose si de alguna forma este pasaje era sobre personas como él. Si lo era, ¡eso significaba que tenía un lugar en la comunidad a la que tan desesperadamente quería pertenecer! Como señala el Reverendo

Broderick Greer en su sermón sobre este texto, el eunuco no hizo estas preguntas porque tenía un interés vago, sino que estudiaba detenidamente las Escrituras y buscaba respuestas porque tenía que hacerlo para sobrevivir como una persona subyugada por la realeza, marginada étnicamente y no conforme con el género; estaba fuera de los límites de la fe a la que buscaba unirse.[4]

La teología como forma de supervivencia es exactamente la razón por la que las personas transgénero, y particularmente las personas afrodescendientes, se encuentran atraídas a la historia del eunuco etíope. Nicole se vio en el eunuco del mismo modo que el eunuco se vio a sí mismo en el siervo sufriente. Las personas trans experimentamos humillación cuando se nos expulsa, cuando se nos patea de nuestros propios hogares, cuando se nos acusa de ser peligrosos para los niños y las mujeres cisgénero y cuando se nos descarta como enfermos mentales. Se nos niega la justicia cuando se nos despide de nuestros trabajos por nuestra identidad de género, cuando se hacen leyes para dejarnos afuera de los baños públicos, cuando a las mujeres trans se las perfila como trabajadoras sexuales, y cuando los guardianes de la puerta nos niegan a los cristianos trans la posibilidad de unirnos a otras personas de fe para adorar a Dios. Lo peor de todos, nos encontramos como las ovejas llevadas al matadero, como las vidas de las mujeres afrodescendientes transgénero y otras personas trans no blancas que son violentamente asesinadas.

Cuando le pregunté a Nicole sobre su conexión con la historia del siervo sufriente, reflexionó algo que nunca había pensado antes:

Consideré Hechos 8: 26-40 crucial para mi identidad como mujer transgénero de color,

pero no puedo decir que he sufrido tanto
como muchas otras de mis hermanas. Estoy
extremadamente bien educada. Tengo un
techo sobre mi cabeza y comida en la mesa.
Sin embargo, por el modo en que nuestra
sociedad se ha desarrollado, hay personas
que están marginalizadas. Personas a las
que no se les han dado las oportunidades
que yo tuve. Pienso que pueden sentirse
como si estuviesen sufriendo pero, en
realidad, están siendo oprimidas. Hay una
diferencia entre sufrir voluntariamente,
como Jesús, y sufrir en las manos de otras
personas sin ninguna elección en el asunto.
Cristo aceptó nuestros pecados. Los asumió
y sufrió porque eligió hacerlo, mientras que
muchas personas que ahora están muriendo
y siendo asesinadas no lo eligen; se les
impone.

Cuando nos vemos a nosotros mismos en la historia del eunuco
etíope —y, por extensión, en la historia del siervo sufriente—
tenemos que recordar que no se nos dice que debemos sufrir por
sufrir y nada más ni dejarnos destrozar por la injusticia porque
el sufrimiento de algún modo nos lleva más cerca de Dios. En su
lugar, Dios decide moverse en nuestra dirección al escoger experimentar el sufrimiento junto a nosotros. Todo momento donde
estemos experimentando la opresión, Dios está ahí, y es Jesús
quien se ve a sí mismo en nuestra historia.

Finalmente, luego de que el eunuco escucha el evangelio
y se sumerge en las profundidades de la Escritura con Felipe, el
esperanzado extranjero le hace una pregunta aún más importante: "Siguiendo su camino, llegaron a un lugar donde había agua,
y el etíope dijo, 'Aquí hay agua, ¿qué me impide ser bautizado?'.

[Felipe dijo, 'Si crees de todo corazón, es posible'. 'Creo, afirmó, que Jesucristo es el Hijo de Dios'.] Y ordenó que detuvieran el carro; ambos descendieron hasta el agua, y Felipe lo bautizó. Cuando salieron del agua, el Espíritu del Señor arrebató a Felipe, y el etíope no lo vio más, pero seguía gozoso su camino (He 8: 36-39).

Esta es la parte favorita de Nicole. "¡De esto se trata todo! —dijo, entusiamada— La inclusión no depende de nosotros. Depende de Cristo. Cuando el eunuco vio el agua y escuchó la Palabra sobre Jesucristo, y dijo '¿qué me impide ser bautizado?', Felipe no respondió 'Espera un segundo, veamos la ley'. Dijo 'Detén el carro, has escuchado las Buenas Nuevas, has sido llamado a ser discípulo de Cristo. Serás bautizado'".

Justin Tanis acuerda en su lectura sobre el texto, y señala que el eunuco "trae la particularidad de su género a su encuentro con Felipe y, en última instancia, a su relación con Dios… No se bautiza a pesar de ser un eunuco o después de una larga sesión de apologética para explicarle su género a Felipe, sino simplemente en el momento en el que pasaron por un lugar donde había agua".[5] Así que, ¿cómo decidió Felipe que nada —ni la raza o nacionalidad o género o estatus o anatomía física o creencias previas— podía impedir que el eunuco pasara a ser parte del cuerpo de Cristo? Bueno, probablemente porque Dios le dio algunas señales bastante claras. Primero, en el versículo 26, un ángel le dice que vaya al camino; luego, en el versículo 29, el Espíritu Santo le dice que se suba al carro con el eunuco. Esto debe haber querido decir que Dios quería que Felipe se encontrara con el eunuco por un motivo particular, y Felipe debe haber llegado a la conclusión de que su tarea en esta situación era la misma que Jesús les había dado a todos los discípulos en Mateo 28: 19: "Vayan, y hagan que todos los pueblos sean mis discípulos, bautizándolos en el nombre del Padre y del Hijo y del Espíritu Santo". Esto fue confirmado cuando, justo después del bautismo del eunuco, Felipe fue arrebatado por el Espíritu, como si Dios dijera: "Muy bien ¡eso es lo que necesitábamos! ¡Aquí termina todo!".

Para el eunuco, este encuentro finaliza con un gozo increíble. Pero a pesar de la transformación interna que trae el bautismo, algunas cosas quedan igual. Por ejemplo, todavía es eunuco; el bautismo no cambió su físico ni su género. Ninguna de estas cosas, que lo hicieron un extranjero en primer lugar, fueron cambiadas o "arregladas". El autor de Hechos 8 puede estar dándonos una pequeña pista cuando escribe que el eunuco "siguió su camino", continuando por la misma ruta que seguía cuando Felipe lo encontró.

No sabemos qué sucedió con el eunuco etíope luego de su encuentro con el Espíritu Santo y con Felipe, pero sí sabemos algo sobre el modo en que esta historia afectó a otros. Para Nicole, el coraje que encontramos en la historia del eunuco le dio la fuerza para apropiarse del llamado que había tenido desde que era una niña:

> En 2007 me paré frente a la Asamblea del Sínodo de las Montañas Rocosas para la Iglesia Evangélica Luterana en Estados Unidos e hice una declaración audaz sobre ser una latina transgénero de fe, y cité Hechos 8 como justificación de porqué pertenezco a la iglesia. El coordinador regional de Lutherans Concerned —la organización de apoyo LGBT de la ELCA— me escuchó y tuvimos una charla maravillosa durante

aproximadamente una hora. Dos semanas después, recibí una llamada telefónica del coordinador y me pidieron que compartiera mi historia con otras iglesias.

Nicole continuó trabajando con los Lutherans Concerned, ahora llamados ReconcilingWorks, y visitando y hablando con iglesias que quieran saber más sobre cómo apoyar a las personas LGTBQ+ en su comunidad. "En 2008 fui elegida para la junta directiva como representante transgénero. Volé por todo el país para dar discursos, charlas y muchos talleres. Compartir mi historia —y otras— me ayudó a solidificar quién era como niña de Dios".

Pero Nicole no se detuvo ahí. Después de pasar tanto tiempo hablando de teología y Biblia con otras personas, decidió que quería algo de entrenamiento más formal, pero no estaba segura de cómo iba a conseguirlo. Luego, durante un servicio normal de mitad de semana en su iglesia local, el Espíritu Santo la sorprendió de vuelta. "Un jueves por la mañana fui al servicio de San Pablo. Durante la comunión, vi al Pastor Kevin levantando la ostia sobre su cabeza y llevando adelante la liturgia, y me dije '¡Ahí es donde necesito estar! ¡Tengo que ser una pastora! ¡Tengo que ser ordenada!'. Así que, apenas terminamos, le conté a Kevin lo que había pensado y me dijo: '¡Claro! ¡Tienes que ser pastora!'".

Hoy, Nicole García sirven como interna pastoral en Colorado y está en camino de lograr una maestría en teología en mayo de 2018, lo que le habilitará ser considerada para la ordenación y ser la clériga que siempre quiso ser. Cuando hablamos de cómo cree que Hechos 8: 26-40 afectará su ministerio, ella señaló que esta historia contiene un imperativo bíblico para los cristianos:

Un ángel mandó a Felipe por el camino y el Espíritu le mandó meterse en el carro. Dios no está sugiriéndolo; está diciendo: "Ve y hazlo". Eso es lo que debemos hacer. Debemos diseminar la Palabra y ministrar a las personas sin que nuestros prejuicios humanos se entrometan. Debemos encontrar a las personas donde están. Tenemos que reconocer que el Evangelio no es solo para un tipo de persona —este tremendo regalo de gracia ha sido dado a todo el mundo.

En un sentido, el relato de Felipe y el eunuco etíope es una historia sobre dos conversiones. El eunuco puede ser aquel que es bautizado, pero Felipe es quien debe cambiar el sistema de medición que utiliza para decir quien está adentro y quien está afuera. Aunque esta historia tiene dos mil años, una tercera conversión está tomando lugar: ¿en algún momento la iglesia se dará cuenta de que el amor de Dios vence todas las distinciones humanas, y que nada puede impedirnos la inclusión total?

10

Incluso Jesús tenía un cuerpo

Durante mis primeros años de universidad di con una cita que fue acreditada a C. S. Lewis, aunque ahora sé que no es de él:[1] "No tienes un alma. Eres un alma. Tienes un cuerpo". Amé esta idea cuando la escuché por primera vez, y como no estaba familiarizado aún con alguna teología concerniente a mi cuerpo, me aferré a ella como a un salvavidas. ¡Obvio! ¡Seguramente por eso me sentía tan incómodo en este saco de carne que estaba forzado a usar! Mi cuerpo era solo una cáscara vieja y miserable para mi verdadero yo: el alma. Como alguien que experimenta disforia de género, encontré que esta explicación me daba una razón para la incomodidad que sentía.

Pero resulta ser que hay unos cuantos problemas con esta idea. En primer lugar, no tiene ningún respaldo bíblico. Como vimos en Génesis 1, el pueblo hebreo no pensaba en los humanos como seres divididos. Estamos hechos a imagen de Dios, y esa imagen es tejida a lo largo de nuestra existencia. Hay cientos de versículos que nos dicen que lo físico es importante para Dios —desde los códigos levíticos que hablan de lo que deberíamos hacer o no con nuestros cuerpos, hasta la preocupación de Jesús por los cuerpos de las personas que encuentra, alimenta y sana a lo largo de su ministerio.

En las cartas del Nuevo Testamento vemos algo de conflicto entre nuestra parte física y las otras, especialmente en Romanos,

Gálatas, y Efesios, donde Pablo establece una dicotomía entre la carne *y* el espíritu, un modo de pensar importado de la filosofía griega, no de la Escritura.[2] Por ejemplo, lee Romanos 8: 5: "En efecto, los que viven según la carne desean lo que es carnal; en cambio, los que viven según el espíritu, desean lo que es espiritual". Claramente, Pablo tiene un punto al decir que lo que queremos hacer no siempre es lo que deberíamos, y que nuestra meta tendría que ser lo que Dios quiere. Pero al usar "carne" como un abanico de cosas malas y "espíritu" como una categoría para el bien, prepara el terreno para que pensemos que nuestros cuerpos físicos son intrínsecamente pecaminosos y malos —lo cual no se sostiene cuando vemos el resto de la Biblia.

Muchos cristianos trans se preguntan lo mismo sobre las conexiones entre sus cuerpos y su fe; así que demos un vistazo a algunos de los versículos sobre el cuerpo a través de los lentes de la historia de una persona.

Asher O'Callaghan creció en Littleton, Colorado, como parte de la Church of Christ —no la confundan con la United Church of Christ, una denominación progresista que apoya las identidades LGBTQ+. Asher describe su iglesia como conservadora y fundamentalista: "Crecí con una buena dosis de fuego, azufre e infierno. Y yo era un niño sensible, así que el fuego del infierno no me sentó nada bien. Siempre tuve la sensación de que me iba a ir al infierno, y eso resultó en muchos problemas para dormir y mucho miedo, culpa y vergüenza. Así que la religión se convirtió en algo motorizado por la culpa y las obligaciones".

Aunque Asher no salió del clóset como bisexual hasta la secundaria, y como transgénero después de la universidad, tuvo la misma sensación interna de ser diferente que experimentan tantas personas LGBTQ+ durante su juventud. Eso lo asustaba, porque conocía la posición de su iglesia sobre la homosexualidad, y su miedo se hacía cada vez más profundo. "No amaba a Dios, solo estaba aterrorizado y quería apaciguar su ira. Recuerdo que en un momento de reflexión, en la secundaria, me di cuenta de que el primer mandamiento que da Jesús es amar a Dios… '¡Estoy jodido! —me dije—. Puedo hacer todo tipo de cosas para Dios, o al menos intentarlo, pero ¿amarlo? Me asusta demasiado. No sé como hacerlo'".

Cuando llegó a la secundaria, Asher decidió bautizarse. "En Church of Christ practican el bautismo del creyente, y la mayoría de las personas lo hacen cuando están en el secundario, porque es el momento en el que ya no los cubre la póliza de seguro contra incendios de sus padres —dijo, riendo—. Ahí es cuando se te considera culpable y responsable por tus elecciones". Pero no era solo su edad lo que lo preocupaba sobre el bautismo como un seguro contra el infierno. También fue un sermón que escuchó el domingo siguiente al tiroteo en la secundaria Columbine, a tan solo unos kilómetros de distancia. "Justo después del tiroteo, nuestro predicador dio un sermón que decía algo así como 'incluso en los lugares donde piensas que estás a salvo, no lo estás'. Todo el tema era sobre que nunca sabremos cuándo moriremos, así que debíamos pensar bien en ello".

La siguiente semana, Asher se ofreció para ser bautizado. Por un tiempo, pareció ser de ayuda, pero no iba a pasar mucho hasta que volviera a tener miedo. Cuando llegó a la secundaria, se unió a Young Life, un grupo de ministración juvenil. Para Asher, que provenía del trasfondo de Church of Christ, la teología de Young Life parecía demasiado buena para ser cierta:

Era la primera vez que se me presentaba a este Dios que me amaba. O sea, que me amaba de verdad. Un amor que significaba más que solo "te amo y he hecho todo lo que pude, pero tú no cumpliste con tu parte del trato, así que vas a arder en el infierno para siempre". Era un amor que realmente podía ser transformador para mí. Pero también era algo terrible de pensar, porque me enseñaron que la mayoría de los cristianos creían en lo que querían creer más que tomar la Biblia en serio, como lo hacíamos en la Church of Christ. Así que me sentía atascado, porque quería creer en este Dios maravilloso que los líderes de Young Life me enseñaban, pero no podía. Se sentía como un cuento de hadas.

Para la época de la universidad, Asher cayó en una profunda depresión. Su ansiedad por el infierno todavía rondaba; tenía dudas sobre su fe, y cuando salió del clóset como bisexual, su grupo juvenil de la universidad se rehusó a apoyarlo. Encontró una terapeuta y empezó a tomar una medicación que lo ayudaba con la ansiedad y la depresión, pero la terapeuta no aceptaba las identidades LGTBQ+, y sugirió técnicas comunes y terapia de conversión.

"En determinado momento, ella sugirió que mi sexualidad era resultado de tener 'una identidad de género herida', y que si tan solo entendiera que Dios me veía como una bella hija, entonces sería capaz de vivir por completo como heterosexual. ¡Pero no funcionó! Luego sugirió que me pusiera una banda elástica en la muñeca y la utilizara para castigarme cuando tuviera 'pensamientos gay'".

Para la sorpresa de nadie, eso tampoco funcionó. En su lugar, fue un recordatorio doloroso de la batalla de Asher con el daño que se efectuaba a sí mismo. "Si cortarme lo suficiente como para tener que ir a una sala de emergencias y para que me cosieran no era suficiente como para cambiarme, no sé cómo lo haría una gomita elástica", suspiró.

Para Asher, tener un cuerpo era una responsabilidad. Estar hecho de carne y sangre quería decir que estabas predispuesto a pecar, y que eras un ser finito que iba a morir. Incluso peor que eso, tener un alma junto a tu cuerpo ingobernable significaba que la muerte no era el fin —que algo peor estaba por llegar. El miedo de lo que esto infundía lo conducía a la necesidad de castigar o purificar el cuerpo tanto como fuera posible para escapar de un postrero castigo mayor.

Luego de la universidad, Asher decidió perseguir otro título. "Pensé en conseguir una maestría en religión. Quería estudiar a las personas religiosas, toquetearlos un poco, como a una ameba en una placa de petri", dijo, riendo. "¡Se sentía empoderador!". En lugar de estar en el extremo receptor de la doctrina y la disciplina, la academia le permitió a Asher observar desde una distancia más segura. Pero dicha distancia no duró mucho: cuando tomó una clase de teología queer se volvió obvio que la fe se volvería a convertir en un asunto personal.

En la clase, conoció una pareja de nuevos amigos que un domingo lo invitaron a acompañarlos a la iglesia. Asher aceptó y fueron a una iglesia luterana local.

> Era la primera vez que experimentaba la liturgia, y era extraño y maravilloso. Lo que más me atrajo fue la mesa de comunión.

> Ellos dijeron: "Todos sin excepción alguna
> son bienvenidos a la mesa". Y fui, sin pen-
> sarlo demasiado; pero luego, cada semana
> me encontraba pensando "necesito volver".
> No por deber u obligación, sino porque sen-
> tía que me sostenían. Sentía hambre de ir
> y hacer la fila para la Eucaristía de nuevo.
> Sentía que mantenía unida mi vida.

De pronto, el cuerpo que había causado tantos problemas —el cuerpo que amenazaba con rebelión, pecado y muerte— fue lo que lo guio hacia la manifestación física de la gracia. Asher sintió un hambre espiritual que avivaba su curiosidad, pero que también impulsaba sus piernas de regreso a esa iglesia semana tras semana.

"Empecé a ir regularmente, y la prédica era fabulosa, y la teología luterana encajaba conmigo. ¡Ni siquiera sabía que existían congregaciones como esa! Finalmente, sentí que podía ser yo mismo en una comunidad religiosa. Me sentí como en casa con mi identidad de fe. Y pienso que me dio el coraje para empezar a afrontar las cuestiones de género".

No mucho después de que se uniera a esta iglesia acogedora, salió del clóset como transgénero y decidió comenzar su transición. Habló con su pastor sobre conmemorar el evento de alguna manera, y trabajaron juntos para crear una liturgia en la que recordaran su nombre de nacimiento y bendijeran al nuevo:

> El domingo del bautismo de nuestro Señor
> toda nuestra comunidad participó de mi
> rito de renombramiento. Lo recuerdo de
> un modo positivo, porque mi bautismo
> anterior había sido una cosa horrible y

llena de miedo. Fui ungido, y todos me saludaron con mi nombre nuevo por primera vez. Fue increíble encontrar un hogar donde podía ser yo mismo, donde mi identidad de género, mi sexualidad y mi fe iban juntas, y no eran vistas como mutuamente exclusivas. Significaba que no tenía que desencarnarme para ser parte de la comunidad. Esa experiencia me liberó. Simplemente desenredó algo dentro de mí. "¡Tengo que hacerlo por otros!", pensé. ¡No pude evitarlo! Tenía que encontrar la manera de hacer que otras personas pudieran tener esta experiencia, ¡porque estas son buenas noticias! ¡Podría cambiar el mundo!

La experiencia de ser íntegro de vuelta —ser "re-cordado"— es algo intrínseco a la teología de la iglesia. 1 Corintios 12 habla del modo en que los diferentes miembros de la iglesia llevan sus particularidades, sus dones, y sus perspectivas para ponerlas juntas y crear un todo que es más que la suma de sus partes. Pablo usa una metáfora corporal para describir esta acción y dice, en el versículo 12: "Así como el cuerpo tiene muchos miembros, y sin embargo, es uno, y estos miembros, a pesar de ser muchos, no forman sino un solo cuerpo, así también sucede con Cristo". Esencialmente, Pablo sostiene que, al unirnos con Cristo en nuestro bautismo, también somos unidos a toda otra persona que ha sido bautizada. Y continúa:

> El cuerpo no se compone de un solo miembro sino de muchos. Si el pie dijera: "Como no soy mano, no formo parte del cuerpo", ¿acaso por eso no seguiría siendo parte de

> él? Y si el oído dijera: "Ya que no soy ojo,
> no formo parte del cuerpo", ¿acaso dejaría
> de ser parte de él? Si todo el cuerpo fuera
> ojo, ¿dónde estaría el oído? Y si todo fue-
> ra oído, ¿dónde estaría el olfato? Pero Dios
> ha dispuesto a cada uno de los miembros
> en el cuerpo, según un plan establecido.
> Porque si todos fueran un solo miembro,
> ¿dónde estaría el cuerpo? De hecho, hay
> muchos miembros, pero el cuerpo es uno
> solo. El ojo no puede decir a la mano: "No
> te necesito", ni la cabeza, a los pies: "No
> tengo necesidad de ustedes". Más aún, los
> miembros del cuerpo que consideramos
> más débiles también son necesarios…
> ¿Un miembro sufre? Todos los demás su-
> fren con él. ¿Un miembro es enaltecido?
> Todos los demás participan de su alegría.
> (1 Cor. 12: 14-22, 26)

El texto es absolutamente esencial para entender por qué la iglesia está llamada a reafirmar a los cristianos transgénero. Aquí se
nos dice que ningún miembro del cuerpo es prescindible; ninguno puede considerar a otra persona innecesaria. Y que una persona decida que alguien es reemplazable o innecesario no lo hace
cierto. A través de su bautismo, Asher simplemente es tan parte
del cuerpo de Cristo como cualquier otro cristiano en el mundo,
y sus dones, necesidades, sufrimiento y gozo afectan a todos los
otros miembros.

La académica bíblica Christina M. Fetherolf cree que
Pablo escogió intencionalmente esta metáfora en su carta a
los cristianos de Corinto porque ellos tenían una visión muy
negativa de los cuerpos físicos. Escribe: "Al menos algunos de la
asamblea creían que el cuerpo físico era irrelevante, una noción

que Pablo niega cuando une lo físico y lo material con lo divino y espiritual mediante el uso de estas metáforas corporales. Es la comunidad colectiva, física, y no un edificio, lo que hospeda al Espíritu de Dios".[3]

Claro, la confirmación innegable de la importancia del cuerpo viene en la forma de un bebé nacido en un pesebre en Belén. Como lo expresa Asher: "Dios, viniendo como un niño y luego creciendo y atravesando la pubertad, y teniendo una vida humana con un cuerpo humano... creo que es lo que declara de una vez y para siempre lo inequívoca e indudablemente sagrada que es la carne. Que nuestros cuerpos son santos".

El teólogo James B. Nelson hace eco de esto de un modo alegre cuando habla de la apertura del evangelio de Juan:

> Alegamos una tradición encarnacional: "Al principio existía la Palabra, y la Palabra estaba junto a Dios, y la Palabra era Dios". Y cuando la Palabra vino a morar con nosotros, se convirtió en —¿Qué? ¿En un libro? ¿Un credo? ¿Un sistema teológico? ¿Un código moral? ¡No! Para perpetua vergüenza de la piedad dualista, se hizo carne. Nota bien qué contracultural es esta convicción. Las palabras de apertura del cuarto evangelio fueron, sin lugar a duda, impactantes para sus primeros lectores, inmersos como estaban en la creencia de que el mundo era impuro y que la "carne" era la causa fundamental de esa impureza. Ahora se les decía que Dios estaba viviendo y amando la vida completamente carnal y humana como un carpintero hecho rabino itinerante. Era una declaración chocante.[4]

Entonces, si el mismo Jesús tenía un cuerpo y fue a través de la vida y la muerte en ese cuerpo que todo el mundo fue redimido, ¿por qué suscribimos a la idea de que los cuerpos son cosas indeseables que debemos superar, o que son algo secundario y desechable, separado de nuestra verdadera identidad?

Incluso luego de la resurrección de Dios de entre los muertos, Jesús se dispone a hacer cosas muy corporales. En el relato de Lucas, lo vemos encontrarse con sus discípulos luego de la resurrección, intentando tranquilizarlos y pidiéndoles el desayuno:

> … pero Jesús les preguntó: "¿Por qué están turbados y se les presentan esas dudas? Miren mis manos y mis pies, soy yo mismo. Tóquenme y vean. Un espíritu no tiene carne ni huesos, como ven que yo tengo". Y diciendo esto, les mostró sus manos y sus pies. Era tal la alegría y la admiración de los discípulos, que se resistían a creer. Pero Jesús les preguntó, "¿Tienen aquí algo para comer?". Ellos le presentaron un trozo de pescado asado; él lo tomó y lo comió delante de todos. (Lc. 24: 38-43)

Los discípulos tienen una reacción muy similar en los relatos de Juan de otro encuentro postresurrección, y es aquí donde nos topamos con la famosa duda de Tomás. Todos los discípulos están en un cuarto con las puertas cerradas por el miedo de correr con la misma suerte que Jesús en manos del gobierno romano, cuando Jesús se les aparece. El único discípulo que no está presente en ese momento es Tomás; cuando los otros discípulos le dicen a este lo que había sucedido, él contesta: "Si no veo la marca de los clavos en sus manos, si no pongo el dedo en el lugar de los clavos y la mano en su costado, no lo creeré". La siguiente semana, los discípulos se reúnen de nuevo, esperando otra aparición, y esta vez Tomás está con ellos.

> Ocho días más tarde, estaban de nuevo los discípulos reunidos en la casa, y estaba con ellos Tomás. Entonces apareció Jesús, estando cerradas las puertas, se puso en medio de ellos y les dijo: "¡La paz esté con ustedes!". Luego dijo a Tomás: "Trae aquí tu dedo: aquí están mis manos. Acerca tu mano: Métela en mi costado. En adelante no seas incrédulo, sino hombre de fe". Tomas respondió: "¡Señor mío y Dios mío!". Jesús le dijo: "Ahora crees, porque me has visto. ¡Felices los que creen sin haber visto!". (Jn 20: 26-29)

La corporalidad de Jesús luego de su resurrección puede ser poderosa para los cristianos transgénero, especialmente para aquellos que plantean preguntas sobre sus propios cuerpos en el cielo o después de la segunda venida de Jesús. Como luterano, Asher confiesa una creencia en la resurrección del cuerpo en el fin de los tiempos; así que le pregunté cómo cree que lucirá su cuerpo. Respondió:

> Para ser sincero, no tengo ni idea. Pero sé que va a ser un cuerpo —creo que la resurrección va a ser material. No van a ser espíritus flotando por el cielo. No sé cómo lucirá, pero creo que va a tener que ser bastante parecido a mi cuerpo actual. Me da gran consuelo el hecho de que, cuando Jesús resucitó, todavía tenía heridas. Quie-

ro decir, espero que no sintiera dolor, pero
todavía estaban allí. Me da gran consuelo
que mantuviera las cicatrices, porque como
alguien que ha lidiado con mucho autofla-
gelo, todavía tengo muchas marcas, y son
parte de quien soy. No quisiera que se fueran, porque son parte de mi historia.

Ese reconocimiento también resonó en mí como hombre trans
que ha tenido una cirugía importante —una reconstrucción de mi
pecho que me dejó dos cicatrices horizontales debajo de mis pec-
torales. Tampoco quisiera perderlas. Son una señal del viaje que
emprendí, y, por esa misma razón, una de las muchas cosas que
amo de mi cuerpo. Si el cuerpo de Jesús conserva las marcas que
lo hacen reconocible para los discípulos en los altos aposentos y
durante su desayuno en la playa, entonces espero mantener las
características físicas que de alguna manera me definen.

La teología del cuerpo y la creencia en la encarnación de
Dios en Jesús son importantes para todos los cristianos, pero
incluso más para aquellos cuyos cuerpos han sido marginados,
ignorados u oprimidos. Nancy Eiesland, la autora del innova-
dor libro *The Disabled God: Toward a Liberatory Theology of
Disability* [El Dios Discapacitado: Hacia una Teología Liberado-
ra de la Discapacidad], escribió que tenía una conexión similar
con el reconocimiento de las heridas postresurrección de Jesús.
Luego de sentirse derrotada por la falta de accesibilidad para las
personas discapacitadas en los espacios cristianos, leyó la historia de la aparición de Jesús a los discípulos y concluyó: "Aquí
estaba el Cristo resucitado, cumpliendo la promesa de que Dios
estaría con nosotros, encarnado, como nosotros: discapacitados
y divinos. En este pasaje, reconocí una parte de mi historia ocul-

ta como cristiana. El fundamento de la teología cristiana es la resurrección de Jesucristo. Sin embargo, rara vez se reconoce al Cristo resucitado como una deidad cuyas manos, pies y costado llevan las marcas de un profundo impedimento físico".[5]

Eiesland continúa diciendo que los cristianos no solo deben desarrollar una teología que incluya cuerpos discapacitados, sino que deben dejar que la teología sea creada por las mismas personas discapacitadas. "Tal teología no debe interpretarse como una perspectiva de 'interés especial', sino más bien como una parte integral de la reflexión sobre la vida cristiana. Debemos llegar a ver la discapacidad no como un síntoma de pecado ni como una oportunidad para el sufrimiento virtuoso o la acción caritativa. La comunidad cristiana en su conjunto debe abrirse a los dones de las personas con discapacidad, quienes, como otros grupos minoritarios, llaman a la iglesia al arrepentimiento y la transformación".[6]

Los teólogos afrodescendientes también tienen una increíble cantidad de enseñanzas para dar en la iglesia sobre una teología encarnada —especialmente en los Estados Unidos, donde sus cuerpos han sido considerados inferiores y desechables. En un país construido sobre las espaldas de esclavos afrodescendientes, y en nuestro mundo moderno donde son acribillados por la policía y misteriosamente hallados muertos en celdas en prisión, llamar santos a los cuerpos no blancos es otro acto necesario y revolucionario. Mientras que algunos teólogos afrodescendientes encuentran una piedra angular en el cuerpo de Jesús luego de su resurrección, muchos se identifican más claramente en la crucifixión. Como afirma el famoso teólogo James Cone:

> Cuando encontramos al Cristo crucificado hoy, es un Cristo negro humillado, un cuerpo negro linchado. Cristo es negro no porque la teología negra lo diga. Cristo es hecho negro a través de la solidaridad amante de Dios con los cuerpos negros linchados y el juicio divino contra las fuerzas demoníacas de la supremacía blanca. Como un cuerpo negro desnudo colgado de un árbol de linchamiento, la cruz de Cristo fue "un asunto absolutamente ofensivo", "obsceno en el sentido original de la palabra", "someter a la víctima a la mayor indignidad".[7]

De hecho, mientras que mucha de la teología blanca y europea tendía hacia a centrarse en la importancia del alma por sobre el cuerpo, eran los cristianos afrodescendientes los que se aferraban a la corporalidad de Jesús en su teología y en sus espiritualidades, y le recordaban al mundo que Jesús caminó, habló, comió, lloró y durmió. La teóloga feminista afrodescendiente Kelly Brown Douglas dijo que los esclavos cristianos en realidad ayudaron a clarificar la teología y a hacerla más accesible a las personas comunes, porque tuvieron que usar un lenguaje para definir sus propias experiencias y explicar la obra de Dios en sus vidas, dado que se les negó la posibilidad de estudiar teología formalmente. Aun así, a pesar del hecho de que durante una larga porción de la historia estadounidense a las personas afrodescendientes se les prohibieron los seminarios e instituciones de alto aprendizaje, se las arreglaron para comunicar una verdad difícil de describir para los concilios cristianos antiguos. Douglas dice: "Su testimonio de Jesús como alguien que entendía sus lágrimas y dolor, que caminó entre ellos, habló con ellos, y entendió su lamento, afirma que Jesús fue una presencia histórica real que trajo a Dios a la tierra. El testimonio de los esclavos clarificó lo que los concilios de Nicea y de Calcedonia intentaron declarar: que, en Jesús, Dios estaba realmente [en la carne], encarnado; era una realidad encarnada en la historia humana".[8]

La teología hecha desde la perspectiva de los grupos marginados crea una cristiandad más rica, más comprensible y más compasiva. Ignorar las contribuciones de las personas con cuerpos diferentes a los nuestros es equivalente a decir que algunos cuerpos no son tan santos como otros —que algunos miembros no pertenecen al cuerpo de Cristo— a pesar de que la escritura da testimonio de lo contrario.

Una vez que los cristianos transgénero llegan al punto en que entienden que sus cuerpos son íntegros y santos, la siguiente pregunta suele ser "¿está bien cambiar mi cuerpo?". Por lo general, las respuestas se entrelazan en conversaciones sobre si Dios cometió o no un error en la creación o concepción de alguien. Algunos cristianos citarán Salmos 139 como prueba de que Dios preordenó ciertas características acerca de una persona, por lo que no deben ser cambiadas. Pero ¿es una lectura precisa de este pasaje?

> Tú creaste mis entrañas,
> me plasmaste en el seno de mi madre:
> te doy gracias porque fui formado
> de manera tan admirable.
> ¡Qué maravillosas son tus obras!
> Tú conocías hasta el fondo de mi alma
> y nada de mi ser se te ocultaba,

cuando yo era formado en lo secreto,

cuando era tejido en lo profundo de la tierra.

Tus ojos ya veían mis acciones,

todas ellas estaban en tu Libro;

mis días estaban escritos y señalados,

antes que uno solo de ellos existiera.

¡Qué difíciles son para mí tus designios!

¡Y qué inmenso, Dios mío, es el conjunto de ellos!

Si me pongo a contarlos,

son más que la arena;

y si terminara de hacerlo,

aún entonces seguiría a tu lado.

(Salmo 139: 13-18)

Cuando le pregunté a Asher qué pensaba de este salmo, fue rápido en señalar que los versículos no se refieren solo a la creación de nuestros cuerpos y que la referencia "nuestras entrañas" o "partes íntimas" abarca todo nuestro ser. "Creo que Dios entretejió mi cuerpo y mi identidad —explicó—. Creo que si lo hizo es porque lo pretendió desde el principio".

Aunque somos formados de cierta manera antes de nacer, no permanecemos exactamente como fuimos hechos originalmente. "Creo que Dios nos entretejió en el vientre de nuestras madres, pero también pienso que es activo en nuestras vidas, entretejiéndonos en cada momento —dijo Asher—. Dios me ha estado entretejiendo desde entonces. No pienso que, tan pronto como nacimos, Dios haya dicho 'Muy bien, ¡todo listo!'. Creo que la creación continúa".

Luego, ambos notamos la maravilla que siente el Salmista hacia el final del pasaje cuando trata de comprender los pensamientos infinitos de Dios y la increíble variedad y amplia extensión de sus habilidades creativas. Es demasiado como para que el autor lo asimilara, y seguramente sea demasiado como para entenderlo desde nuestra humanidad. Entonces, ¿por qué parecemos determinados en poner límites a lo que Dios puede o no hacer, y determinar cuándo esa obra está terminada?

Ciertamente, la naturaleza continua de la creación es algo que se observa incluso en los primeros capítulos de Génesis. Asher apunta a Génesis 1: 28, donde Dios le da Adán y Eva dominio sobre la creación, y Génesis 2: 19, donde le lleva los animales a Adán para que les pusiera un nombre, haciéndolo socio del esfuerzo creativo:

> Creo que Dios intenta que nosotros tomemos decisiones y que tengamos un impacto activo en la creación, para mejor o para peor. Es parte de la razón por la cual tenemos libre albedrío. Por ejemplo, le da a Adán el derecho de nombrar cosas. Cuando aún no estaba moldeada toda la creación, Dios le dio tareas para continuar con el proceso. Y parte de nuestro trabajo como humanos es interactuar con Dios y no crear nuestras propias identidades, sino convertirnos más plenamente en quienes somos. Basados en lo que vemos en Génesis, pienso que Dios está de acuerdo con que tomemos decisiones en ese proceso.

Terence Fretheim, erudito y teólogo, también cree que los

humanos tienen un rol en la creación como evaluadores y solucionadores de problemas. Él dice que "si Dios no solo evalúa el mundo como bueno, sino que también reevalúa un aspecto del mundo como 'no bueno' (2: 18), y si las únicas criaturas capaces de evaluar son los seres humanos hechos a la imagen de Dios, entonces aquí Dios establece una tarea humana clave dentro de la creación en curso".[9]

Él también resalta la bendición que Dios les da a los primeros seres humanos como el momento en el que comparte activamente el poder creativo. "Bendecir a otros es un acto de darles poder y potencialidad; es otra dimensión de la actividad divina de compartir el poder… Se entiende que la bendición es parte integral del proceso creativo en sí; les habilita a las criaturas participar en la continuidad de la creación… La creación tiene que ver no solo con el comienzo de las cosas, sino con un proceso de continuo devenir".[10]

Los seres humanos existen en algún lugar en medio de ese proceso de conversión —entre el momento en que Dios comienza a entretejernos en el vientre de nuestra madre y el momento en el que experimentaremos la resurrección junto a Jesús en el nuevo cielo y la nueva tierra de Dios. Mientras tanto, hacemos el mejor de nuestros intentos para honrar nuestros cuerpos y para usar nuestras habilidades creativas para traer vida —y, quizás, más que vida. Mientras charlábamos sobre la elección y el libre albedrío, Asher sonrió y dijo: "¿Sabes? Pienso que Dios se deleita en el hecho de que los humanos seamos interactivos. No somos irracionales —creamos y arreglamos cosas y argumentamos y encontramos nuevas maneras de solucionar problemas. Creo que a Dios le gusta vernos ser creativos. Creo que le traemos alegría".

La vida más allá de la apologética

El año previo a salir del clóset como transgénero, visité muchas iglesias. Una semana iría a una iglesia episcopal que había escuchado que tenía un organista asombroso. El siguiente domingo iría a un servicio por la tarde en una iglesia nueva llena de veinteañeros y guitarras. La siguiente semana iría rumbo a una iglesia metodista porque quería escuchar un sermón particular de un pastor. Rara vez visitaba la misma iglesia dos veces. No porque no me gustasen; sino porque tenía miedo. Estaba más consciente de mi cuerpo que nunca, y mientras todos eran muy amistosos, también me daba cuenta de que tenían algunos problemas para detectar mi género, lo cual se sentía incómodo. Me sentía tan nervioso por mi voz —que era casi dos octavas más aguda que hoy y nunca fallaba en hacer que las personas dijeran "lo siento, quise decir 'señora'"— que intentaba nunca hablar con nadie.

Mi solución a este problema fue intentar ser invisible. Llegaría una vez que el servicio hubiera comenzado, me sentaría en el asiento de atrás y correría hacia la puerta tan pronto como el último himno terminara. Irme por mi cuenta era preferible a que las personas me echaran a patadas, lo cual temía que hicieran si se enteraban de que eran trans.

Claro, ¡esto también quería decir que tampoco le estaba dando la oportunidad a alguien para que me diera la bienvenida! Estaba hambriento por una comunidad en la que pudiese orar, leer las Escrituras, cantar y compartir mi vida, pero también me sentía tan asustado que solo me permitía mordisquear las migajas de la mesa de la comunión. A veces, cuando estás hambriento, cualquier mordisco de comida es lo mejor que puedes esperar, y es difícil soñar con un banquete real, y mucho menos con el tipo de festín del reino que Jesús narra en los evangelios. Te engañas para creer que las migajas son suficientes.

Cuando empecé a estudiar la teología de las personas LGT-BQ+, una de las cosas que se volvieron obvias es que hemos tenido que gastar mucho tiempo haciendo algo llamado apologética —la defensa bíblica o teológica de una idea. Casi todo libro de fe de las personas queer lidia con la apologética (¡incluso este!) y tiene un capítulo que explica por qué la historia de Sodoma y Gomorra en realidad no se trata de las relaciones entre el mismo género o por qué la creación de Adán y Eva no exige la existencia de solo dos sexos.

Dado que los cristianos han pasado tanto tiempo demonizando a las personas LGBTQ+ y usando las Escrituras para lograr sus argumentos, los cristianos queer han tenido que involucrarse con estos mismos pasajes con el fin de defenderse. Hasta aquí, todo bien, porque incluso cuando dos personas están en desacuerdo sobre el significado de una porción del texto en particular, al menos se encuentran en un terreno en común. El problema viene cuando los cristianos LGBTQ+ empiezan a sentir como si su fe estuviese hecha solo de apologética y mecanismos de defensa. De algún modo, es el mismo problema que tienen las personas trans cuando se centran por completo solo en su disforia de género e intentan apartarse de todas las cosas que les causan dolor y ansiedad, en lugar de moverse intencionalmente hacia lo que a algunos les gusta llamar "euforia de género" —la alegría, autenticidad y gozo que sientes cuando consigues ser tú mismo.

Pero, si invertimos todo nuestro tiempo concentrándonos en lo que está mal, ¿cuándo hacemos lo correcto? Si pasamos todo nuestro tiempo tratando de usar la Escritura para defendernos, ¿cuándo podremos ver la Biblia como una fuente de gracia vivificante para todas las personas? ¿Cuándo podremos escuchar a Dios hablar a nuestras vidas, si estamos concentrados en defender con el texto nuestros argumentos? En resumen, es algo bueno y saludable reconocer que las migajas que una vez apreciamos ya no son suficientes. Necesitamos una hogaza completa del pan de vida.

Taj Smith también experimentó dudas cuando cruzó las puertas de la comunidad de United Church of Christ (UCC) en el camino a su campus universitario. No se había criado en una religión, pero su mamá siempre lo había alentado para que explorara diferentes tradiciones de fe. Taj tenía un interés genuino en la religión y podía ser encontrado a menudo leyendo sobre budismo, islam y otras creencias del mundo. También iba a la iglesia con amigos, y ellos le presentaron el cristianismo evangélico. De adolescente, se unió a un grupo juvenil en una iglesia enorme en la ciudad, en parte porque era un lugar para divertirse con sus compañeros de clase y en parte porque estaba genuinamente interesado en el tema.

Aunque, cuando Taj le dijo a las personas que era queer, las cosas se complicaron. "Dejé de ir después de que varias personas me dijeron que las cosas no iban a funcionar dado que yo era queer, y que necesitaba orar más", dijo. Como Taj había sido asignado mujer al nacer y no se había revelado como trans, algunas personas desaprobaron su atracción hacia las mujeres. "Me dolió. Me fui, y me consideré ateo durante un tiempo luego de eso".

Para el momento en que llegó a la universidad, había empezado a sentir una tensión interna entre la defensa LGBTQ+ por la que estaba tan apasionado y la fe que había sostenido cuando era más pequeño. "Estaba involucrado en muchas organizaciones queer, pero sentía como si no encajara realmente porque tenía esta cuestión de mi trasfondo cristiano, y las personas no estaban muy interesadas en eso en la universidad. Así que tratar de averiguar cuál era mi lugar siempre fue una lucha". Finalmente, en su escuela encontró un grupo de cristianos progresistas que sentían tensiones similares, y comenzó a creer que podría ser posible recuperar algo de fe y unir sus dos mundos.

Fue su experiencia con la congregación UCC la que finalmente hizo posible esa conexión. Taj sonrió cuando recordó la avalancha de cambios durante ese año:

> Tiendo a decir que mi transición y mi experiencia en la religión en esa iglesia son inseparables. Salí del clóset como trans allí, el mismo año que decidí que no iba a estudiar abogacía, y que, en su lugar, iría a un seminario; así que fue una especie de gran cambio en el esquema. Era como si Dios estuviera diciendo: "Necesitas dejar de hacer lo que estás haciendo ahora y afrontar todas estas otras cosas que quieres hacer, pero crees que no puedes".

De hecho, cuando le pregunté a Taj sí podía recordar un tiempo en su vida cuando se sintió totalmente amado y reafirmado en su yo auténtico, me contó de una experiencia que tuvo en su congregación de la UCC:

> El primer domingo luego de salir del clóset como trans volví a mi iglesia. Simplemente, recuerdo estar parado frente a una mesa llena de etiquetas con nombres, ver la mía y pensar "no me puedo poner eso". Recuerdo que quedé en blanco. Y una de las encargadas de recibir a las personas vino hacia mí y me dijo: "¿Necesitas ayuda para encontrar el tuyo?". Se rio, y yo me reí, y dije: "No, creo que necesito uno nuevo". Ante su mirada un tanto confusa, agregué: "Sí, necesito uno nuevo... para siempre". "¡Perfecto!", respondió. Consiguió una nueva etiqueta y me dijo: "¿Por qué no escribes tu nombre en este? Tendremos uno definitivo para ti la próxima semana!". Me entregó un programa de la reunión y entré, pensando "¡Fue lo más fácil del mundo!". Esa iglesia se convirtió en un refugio seguro para mí. Estar en ella a lo largo de toda mi transición, y crecer a lo largo de ese tiempo fue muy necesario. Probablemente, fueron las personas que más me apoyaron en mi vida, además de un puñado de amigos que tenía. La fe y mi identidad de género están tan unidas que no sé cómo hablar de una obviando la otra.

Para Taj, esta experiencia solidificó su entendimiento de sí mismo como hijo amado de Dios y le dio un cimiento saludable desde el cual podía responder a su llamado. Finalmente había encontrado un grupo de personas que podían acompañarlo en su viaje hacia la integridad mientras nutría su fe y relación con Dios al mismo tiempo. Este tipo de experiencias —donde las personas trans son reafirmadas completamente por su comunidad eclesial— muestran más que solo tolerancia y van más allá de la defensa y la apologética. Estas experiencias son vivificantes en el sentido más literal de la palabra.

En Juan 10: 1-18, Jesús se describe a sí mismo como el Buen Pastor —una de las metáforas más conocidas y amadas de la tradición cristiana. Más que actuar como un bandido que se trepa por la cerca y ahuyenta a las ovejas, el Buen Pastor entra por la puerta y las llama por su nombre, y ellas lo siguen porque conocen su voz. Jesús explica: "El ladrón no viene sino para robar, matar y destruir. Pero yo he venido para que las ovejas tengan Vida, y la tengan en abundancia".[1]

Mientras que algunos teólogos creen que la vida abundante que Jesús menciona aquí es en referencia a la vida después de la muerte, otros señalan las numerosas instancias donde las obras de Jesús son para mejorar las vidas de las personas en el presente. Por ejemplo, piensa en la historia de la alimentación de los cinco mil, que es la única historia de milagros que se cuenta en los cuatro evangelios. En esa ocasión, Jesús les pidió a los discípulos que buscaran comida para más de cinco mil personas que se habían reunido para escucharlo predicar. Jesús sintió una preocupación por las personas porque era tarde y nadie había comido en casi todo el día. Los discípulos le informaron que no había ningún lugar cercano en el que conseguir provisiones y que la única comida entre la gente consistía en cinco panes y dos pescados. Jesús no dio un sermón sobre la importancia de la comida espiritual. Simplemente prosiguió y proveyó lo que las personas necesitaban de verdad en ese momento. Jesús bendijo la comida y les dijo a los discípulos que la pasaran entre las personas. Al final, hubo suficiente para todos, y sobraron doce canastas —otra lección de abundancia.

El respetado teólogo Justo González señala dos cosas importantes sobre la historia; primero, que la bendición de Jesús y el partimiento del pan para alimentar a los cinco mil es muy similar a la bendición y el partimiento del pan de la Última Cena; y segundo, que la preocupación de Jesús con las necesidades humanas básicas es un modelo para las comunidades cristianas. González dice: "Esta es una historia sobre la alimentación, no solo sobre rituales o prácticas religiosas… Si la alimentación de la multitud es una señal de la alimentación que tiene lugar en la Comunión y en el banquete final del reino, entonces la alimentación que tiene lugar en la Comunión debe ser una señal de una comunidad de fe que alimenta realmente a los hambrientos y responde a la necesidad humana".[2]

Así que, si Jesús dice que viene para que su rebaño tenga vida abundante, ¿qué quiere decir eso para los cristianos transgénero? Y si esa vida abundante incluye cuidar y preocuparte por necesidades humanas como la comida, el refugio, la vestimenta y los cuidados médicos, como también de los cuidados espirituales, ¿qué quiere decir eso para las iglesias?

Encaremos esas preguntas de una a la vez. Primero, si Jesús vino a traer vida en abundancia a todos aquellos que lo siguen, eso quiere decir que los cristianos transgénero deberían ser capaces de dejar de gastar cada gramo de su energía en defenderse contra aquellos "versículos garrote",[a] para concentrarse en ser

---

a El término original en inglés es "clobber passages", acuñado por las comunidades LGTBQ+. Son versículos que se interpretan para demonizar, agredir y negar las

mejores discípulos. Deberíamos poder pasar de las prácticas de supervivencia a una fe próspera. Jesús no vino a hacer las cosas ligeramente más llevaderas. Vino a darnos vida abundante y eterna o, como lo expresa el académico Robert Kysar, "la calidad peculiar de una vida que resulta de un autoentendimiento adecuado en Cristo que no puede ser aniquilado por la muerte".[3] Si los cristianos trans nos pudiéramos mover más allá de la apologética, tendríamos mas recursos para dedicarnos a difundir el evangelio, para proveer ayuda al necesitado, para confrontar injusticias, para desmantelar el racismo, para servir a nuestro vecino, para orar, para practicar la bondad y para amar a Dios.

Cuando le pregunté a Taj cómo sería para él pasar de enfocarse en lo apologético hacia una vida abundante, sugirió que el siguiente movimiento bien podría ser lo que él llama "liberar el texto". "La apologética tiene que existir porque la única perspectiva de género de la Biblia es a favor de los cuerpos masculinos —explicó—. Así que es importante desarticular esa estructura [jerárquica] en el texto para que no pueda ser recreada en la iglesia".

Así que, por ejemplo, cuando leemos una traducción de la Biblia que siempre se refiere a Dios como un "él", eso sugiere subconscientemente que le atribuimos rasgos masculinos a Dios, que a su vez equipara la masculinidad con la divinidad. Taj sugiere que liberar el texto de las referencias de Dios como hombre nos recuerda que está más allá de las construcciones humanas de género, al mismo tiempo que evitamos instituir el sexismo en nuestras iglesias, usando la Biblia como excusa.

Pero por más maravilloso que pueda ser movernos más

---

diversas identidades de género. Entre ellos, Gn. 1: 27 y 19: 4-25; Lv. 18: 22 y 20: 13; Dt. 23: 17-18; Ro. 1: 26-27; 1 Cor. 6: 9-11 y 1 Tim. 1: 9-10 (N. del T).

allá de la apologética, Taj señala un buen punto cuando dice que hay una gran razón para que esta disciplina exista. Las personas transgénero se toman el trabajo de defenderse teológicamente porque no todos los cristianos han tenido la oportunidad de educarse sobre los asuntos trans; entonces, por estos cristianos, se justifica la apologética. Ellos pueden tener preguntas, dudas y malentendidos que valen la pena el tiempo y la energía que se gasta en buenas conversaciones y la construcción de relaciones. Aunque, por otro lado, los compañeros trans suelen verse forzados a defenderse a causa de que la iglesia o un individuo cristiano no considerará en absoluto solidarizarse con ellos o ayudarles de alguna manera. Es entonces cuando la respuesta de Jesús a la necesidad humana nos da la orden de actuar.

Entonces, ¿cómo pueden los cristianos —tanto individualmente como con sus comunidades de fe— ayudar a que las personas transgénero accedan a una vida abundante? Primero, tenemos que recordar que la "vida abundante" no quiere decir "vida de abundancia". Jesús no está diciendo que los cristianos deben desear o esperar miles de dólares o una membresía en el club de campo. Lo que Jesús dice es que nos trae vida en abundancia —¡más vida de la que te puedas imaginar! ¡Tanta vida que es imposible asimilar! Jesús no solo promete vida, sino una mejor vida. Así, como lo explica el académico Brendan Byrne, la abundancia "no es meramente cuantitativa. La misión del Hijo es comunicar al mundo una vida cualitativamente mejorada: una vida que, más allá de la mera existencia mortal, es una participación como 'hijos de Dios'".[4]

¿Qué necesitan las personas transgénero en orden de experimentar vida abundante tanto cuantitativa como cualitativamente? Anneliese Singh, una investigadora y profesora de consejería y desarrollo humano en la Universidad de Georgia, ha pasado años estudiando la resiliencia entre las poblaciones transgénero. La resiliencia —los patrones de conducta aprendida y el acceso a los recursos que le permiten a una persona lidiar con las circunstancias difíciles— es especialmente importante entre los grupos que enfrentan discriminación y violencia. Ella determinó que había cinco cosas que predecían una alta resiliencia para los compañeros trans en todos los ámbitos: la habilidad de crear y definir tu propio sentido de ti mismo; el reconocimiento de tu propio sentido de valor propio; concientizarte sobre la opresión, para que puedas protegerte; la conexión con una comunidad solidaria; y el cultivar esperanza para el futuro.[5] A la luz de esto, podemos asumir que los cristianos pueden ayudar a inculcar resiliencia asegurándose de que los compañeros trans puedan tomarse el tiempo de averiguar y definir su propia identidad de género; recordándoles que ellos son dignos de amor y de pertenecer como seres humanos e hijos de Dios; al desmantelar activamente la transfobia que subyace a su opresión; al invitar a los compañeros trans a nuestras comunidades y hacerlos sentir bienvenidos; y al caminar con ellos, apoyándolos en su viaje espiritual.

La importancia de la fe como un componente de la resiliencia es incluso más pronunciado entre las personas trans no blancas. El Dr.Singh notó en un estudio de personas trans no blancas que:

> ... los participantes describen su espiritualidad y el tener un sentido esperanzador del futuro como aspectos integrales de su resiliencia. Para la mayoría, ser criados en hogares religiosos

> estuvo conectado estrechamente en como entendían su identidad de género… De todos modos, algunos participantes también experimentaron que sus familias y/o instituciones religiosas usaron la religión para juzgarlos o "castigarlos" por su identidad y expresión de género… Los participantes reportaron que "regresaron" a sus creencias espirituales y espiritualidad para hacer frente a los eventos traumáticos de la vida. Notaron que esta conexión los ayudó a cultivar un sentido de esperanza para el futuro a pesar de dichos eventos traumáticos que experimentaron.[6]

Como un hombre afrodescendiente trans que ha pasado por esto, Taj Smith confirma el modo en que los compañeros transgénero a menudo anhelan una relación con Dios. "Hay tanta hambre por un desarrollo espiritual a lo largo de las diferentes comunidades trans en la que he estado… Las personas realmente están buscando algo que sea más grande que ellas, sea lo que sea. Saben que hay algo que los impulsó a la transición y a aceptar quiénes son realmente, pero muchas veces no pueden encontrarlo en una iglesia debido al dogma que se interpone en el camino".

Con demasiada frecuencia, la iglesia es una piedra de tropiezo que atrapa los pies de las personas trans en el camino hacia Dios, en lugar de ser el santuario que alberga la fuente de agua viva.

Cuando le pregunté a Taj qué imaginaba cuando pensaba sobre el concepto de vida abundante, apuntó directamente a la importancia de la familia espiritual:

La vida abundante se parece a la comunidad.
Se parece a la celebración de personas
como personas, y no como números para
llenar bancas. Encuentro que hay iglesias
a las que voy donde sé que las personas
me están hablando porque a) soy un adulto
joven; b) porque soy negro; o c) porque soy
parte de otra iniciativa de diversidad. Pero
cuando las personas simplemente me dan la
bienvenida genuinamente, y cuando hacen
su mejor esfuerzo para recibirte y hacerte
un lugar en la comunidad tal y como eres,
así es como me imagino la vida abundante
—tener una comunidad a la cual acudir
cuando quieres ir a casa, y poder decir: "Sí,
yo soy parte". El aislamiento, para mí, es
la muerte.

Parte de ser verdaderamente integrado en una comunidad es poder fijarte qué rol podrías adoptar
—que parte del cuerpo de Cristo representas. Cada persona en
una comunidad tiene una perspectiva única y distintos dones, y
puede ser difícil seguir la línea entre etiquetar accidentalmente a
las personas en vez de apreciar las cosas que las hacen diferentes.
Taj asintió cuando traté de articular esta situación peliaguda. Estuvo de acuerdo en que no quería ser visto solo como una persona
afrodescendiente ni solo como una persona trans:

Mi rol y mi perspectiva van a ser diferentes
que los de la persona sentada junto a mí
por el modo en que soy percibido en el
mundo. Siento que estoy mirando al mundo
desde un punto de vista con una ventaja
única, especialmente en este momento en
la historia. Veo al mundo como un hombre

negro, pero también como una mujer negra.
Pienso en lo que se siente tener el privilegio
de caminar sin que nadie me note, y en
cómo llevar estas perspectivas a cualquier
comunidad en la que me encuentre.

Al principio, Taj no estaba seguro de si su nueva iglesia local
(la UCC) sería capaz de apreciar estas perspectivas diferentes
que traía consigo a la mesa; y, si no podían aceptarlas, no estaba
seguro de poder encontrar un rol en la comunidad. Sin embargo,
resultó ser que la iglesia estaba lista y con la voluntad de encontrar
modos de apoyarlo, incluso si no estaban instintivamente seguros
de qué hacer.

Me sentí tan reafirmado cuando alguien de
mi iglesia se me acercó e invitó a unirme
al grupo de hombres. No fui porque no
estaba seguro de si me sentiría cómodo en
ese espacio justo en aquel momento, pero
saber que esa era una opción para mí y
sentir que la comunidad realmente estaba
descubriendo cómo abrazarme y amarme
significó mucho para mí. Me amaron antes
de salir del clóset, y lo sabía; sin embargo,
antes yo no me amaba, así que era alguien
difícil de amar. Pero luego de salir del
clóset y comenzar el proceso de transición
pude decir "Este soy yo convirtiéndome en
mí mismo", y luego sentí que realmente
era visto por las personas de la iglesia,
que eran mucho más grandes que yo y
predominantemente blancos —¡se sintió
tan bien! ¡Esas fueron personas que me
sostuvieron!

Aquí es cuando los cristianos trans experimentan vida en abundancia —cuando son bienvenidos en la comunidad; cuando son amados por todo lo que son; cuando sus diferencias son respetadas; cuando saben que pueden contar con su comunidad para que les ayuden con las necesidades humanas diarias; y cuando se sienten lo suficientemente a salvo como para dejar caer sus defensas y tomar el yugo gentil del discipulado de Jesús. Puede sonar demasiado para pedirle a la iglesia, pero la realidad es que son compromisos que intentamos hacer con los miembros cisgénero de nuestras comunidades. Entonces, ¿por qué no incluir a los compañeros trans? Después de todo, si la vida que Jesús promete es abundante, ¡seguramente hay suficiente para todos!

12

¿Ya no importa el género?

Cuando toca el turno de hablar del bautismo, tengo que decir que fui una flor tardía. Cuando nací, mis padres asistían a una iglesia no denominacional que no practicaba el bautismo en la niñez, y para el tiempo que fui lo suficientemente grande como para tomar la decisión por mí mismo, ya no estaba seguro de si aún creía en el cristianismo. Mientras cursaba la escuela secundaria, pasé mucho tiempo siguiendo de cerca a otros chicos de mi grupo juvenil conforme pasaban por la práctica luterana de la confirmación, y los observaba luchar contra sus preguntas y sus dudas. Yo también las tenía, pero todas giraban alrededor de dos puntos centrales.

La primera pregunta que tenía era *¿puedo bautizarme si no creo en todas las partes de la doctrina cristiana?* Luego de unas cuantas conversaciones extensas con mi pastor, finalmente me dio una respuesta con la cual podía vivir. Me dijo que los cristianos sostienen las creencias de la iglesia y los credos como uno de esos paracaídas coloridos con los que juegas cuando eres niño. Todos toman un borde y juntos podemos cargar y levantar las cosas pesadas que se le colocan en el medio. A veces, las personas a tu alrededor hacen algo más de trabajo por ti, y en otros momentos tú llevas un poco más de peso por ellos, pero juntos podemos mantener el balance. En resumen, me dijo que no tenía que creer cada parte de la doctrina cristiana; tenía una comunidad para ayudarme a sostener la fe.

La segunda pregunta conflictiva por aquel entonces era *¿la iglesia todavía me querría si supiera que soy… diferente?* Para ese momento, sabía que era bisexual, y sabía que algo sucedía con mi género, pero eso es todo lo que tenía para decir. Sentía que si las personas de mi iglesia se enteraban de que yo no encajaba en el molde heterosexual y cisgénero, no me querrían más entre ellas, y rescindirían la oferta de bautismo o exigirían que me enderezara. Ese miedo me acompañó mucho tiempo. Decidí no bautizarme o confirmarme durante la secundaria, pero seguí estudiando mientras iba a la universidad, determinado a entender por qué me sentía tan llamado a las Escrituras y a la teología. Finalmente, cuando tenía veinte años di con un versículo que proveyó una respuesta a mi segunda pregunta sobre la pertenencia: "Porque todos ustedes son hijos de Dios por la fe en Cristo Jesús, ya que todos ustedes, que fueron bautizados en Cristo, han sido revestidos de Cristo. Por lo tanto, ya no hay judío ni pagano, esclavo ni hombre libre, varón ni mujer, porque todos ustedes no son más que uno en Cristo Jesús" (Ga. 3: 26-28).

Cuando leí este versículo por primera vez, sentí que algo cuadró. La conexión con el bautismo, la negación del género como una barrera para la aceptación, la metáfora de la adopción en una familia de fe: todo le habló directo a mi corazón. Decidí que aprendería el versículo de memoria para mi bautismo y me dirigí de regreso a casa desde la universidad para pedirle a mi antiguo pastor que fijáramos una fecha. El 22 de junio de 2008 fui bautizado frente a las personas que habían caminado junto a mí a lo largo de mi viaje de fe.

En 2016, ocho años más tarde, fui invitado a volver a mi iglesia local para contar la historia de mi transición. Mientras estaba parado frente a la congregación, reviviendo el tiempo que pasé en el grupo de juventud, en el coro, en la oficina del pastor, en viajes de servicio y tomando el té con amigos geniales, me di cuenta de que ninguno de mis miedos se había hecho realidad. Había sido capaz de aferrarme a mi extremo del gran paracaídas de la fe. Había sido capaz de encontrar comunidades cristianas que sabían que yo era un hombre transgénero y que me aceptaban. Había sido capaz de traer todo mi ser ante Dios y la iglesia. O, mejor dicho, no había hecho nada de esas cosas. Solamente había seguido las migajas de la mesa de la comunión que Dios seguía arrojando por el camino. Simplemente continué golpeando las puertas del reino, y Dios siempre abría.

Gálatas 3: 28 no es el único versículo en la Biblia que parece degradar la importancia del género en la identidad cristiana. De hecho, esta misma fórmula "ni X ni Y" aparece varias veces en las cartas atribuidas al apóstol Pablo, y siempre es acompañada con una referencia al bautismo. El erudito en nuevo testamento Wayne Meeks cree que Gálatas 3: 28 es en realidad una parte central de una fórmula bautismal "prepaulina" —como una oración que se decía a mientras se bautizaba un nuevo cristiano— y señala que la misma "unificación de opuestos" es encontrada en 1 Corintios 12: 13 y Colosenses 3: 11.[1] Aparentemente, era bastante importante para los primeros cristianos que cosas como el género, la etnia y el estatus social no fueran barreras para la inclusión o para una relación con Dios. Pero ¿por qué era tan importante para los gálatas?

Para entender por qué Pablo incluyó esas palabras en esta carta en particular, tenemos que acercarnos a lo que estaba sucediendo en la nueva iglesia cristiana en Galacia. Esencialmente, Pablo había ido allí a ministrar a las personas gentiles, eventualmente bautizándolos y ayudándolos a poner en marcha una comunidad, antes de irse a fundar iglesias a otros lugares. Mientras estuvo con ellos, enfatizó que no era necesario convertirse en judío antes de convertirse en cristiano —una idea que hoy podría parecernos tonta, pero que era una cuestión seria en el primer siglo. Jesús mismo había sido judío, sus doce discípulos fueron judíos, y la tendencia de Jesús a comer con los gentiles era escandalosa para la época. No fue hasta que el Espíritu Santo empezó a aparecerse a todo tipo de personas por todos lados en el libro de Hechos que los discípulos eventualmente decidieron que estaba bien que los gentiles se volvieran cristianos. Aun así, algunos de los seguidores originales de Jesús pensaron que los gentiles debían cumplir las mismas leyes y costumbres culturales que seguían las personas judías. Argumentaron que los cristianos gentiles hombres debían, al menos, ser circuncidados, como todos los hombres judíos, y como el mismísimo Jesús.

Sin embargo, Pablo ofreció resistencia y dijo que ser circunciso no era necesario para la inclusión en la iglesia de Cristo, que lo único necesario para la inclusión era creer. Poco después de dejar Galacia, los ciudadanos empezaron a escribirle, contándole que otros cristianos habían ido y les habían dicho que todos debían ser circuncidados. Puedes imaginar el pánico y la confusión que sintieron con estas noticias. Parecía que, o bien debían arreglárselas para circuncidarse y dejar atrás muchas de las costumbres que los hacían gálatas, o dejar el cristianismo. Una elección difícil.

Así que ahí estamos cuando Pablo aparece en la escena con sus palabras en Gálatas 3. Les pone por ejemplo a Abraham, porque Dios lo bendijo y escogió aún cuando no estaba circuncidado. Por lo tanto, nadie tenía el derecho de negar que Dios también había bendecido a los gálatas, aunque *ellos* no estuvieran circuncidados. Al final, Pablo dice que la circuncisión no es buena ni mala. Solo es una costumbre social, no es algo que se pueda meter en el camino de tu relación con Dios o en tu inclusión al reino. Ya no hay más judío ni griego (circunciso o incircunciso), ya no hay esclavo ni libre, no más hombre y mujer, porque todos somos uno una vez que estamos unidos con Cristo en el bautismo.

Pero la aseveración de Pablo aquí suscita otra pregunta: si todos somos uno en Cristo, estas distinciones entre géneros, etnias y clases, ¿importan?

Para Lynn Young, las palabras de Pablo en Gálatas 3: 26-28 sobre las costumbres sociales son evangelio puro. Pablo insiste que creer y responder al llamado de Dios —no conformarse a las normas culturales— son los emblemas distintivos de la inclusión. Eso significa mucho para alguien que no solo es cristianx sino nativx americanx —alguien que no solo es hombre o mujer, sino dos espíritus.

Lynn, que usa pronombres de género neutro, ha estado recorriendo un camino de combinaciones que abarca la fe cristiana y las prácticas nativas durante muchos años. "Espiritualmente, me identifico como cristianx tradicionalista nativo americanx. Estas identidades existen una junto a otra. Ninguna se subordina. Operan juntas sinérgicamente, y realmente creo que no podría ser la persona de fe que soy o siquiera pertenecer al cristianismo sin esta integración".

Pero Lynn no siempre supo de su herencia nativa, y no siempre tuvo la conexión con el cristianismo que tiene hoy. "Nací y fui criadx en una familia que casualmente era metodista unida, así que fueron ese tipo de liturgias y cosas las que me resultaban familiares. Sabía cuándo pararme y cuándo decir el credo de los apóstoles y, por más que lo sabía de memoria, no sentía que ninguna tuviera que ver conmigo. Realmente no tenían un impacto en quien era. De pequeñx y hasta mi adolescencia fui víctima de abuso sexual, así que la idea de que existía este Dios que todo lo sabía y que todo lo amaba, para mí no tenía sentido. No negaba su existencia, pero la idea de Dios como una entidad a la que le importaba la cotidianidad de las personas en general, y específicamente las mías, no era algo que entendiera".

No fue hasta un viaje familiar a la orilla norte del Lago Superior que Lynn tuvo una conexión significativa con Dios. Lo recuerda vívidamente:

> Tenía aproximadamente seis o siete años. Estaba sentadx en un pedazo de roca gigante en el norte de Minnesota con mis pies en la corriente helada. Recuerdo sentirme profundamente energizadx y conectadx a algo mucho más grande que yo mismx. No podía articular qué era, pero que no podía negarlo. Era algo que mereció y recibió mi asombro, reverencia, curiosidad y devoción. Era algo que me significaba una fuerza salvífica. Estaba ancladx en un sistema más grande al cual pertenecía. No se extendió una mano mística que me sacó de una mala situación, pero me abrazó y consoló diciéndome: "Eres parte". Y esa presencia

ha sido parte de mi vida hasta este momento. Eso es quien soy. Y así, conforme me
volvía consciente de mi herencia nativa
veinte años atrás, esta experiencia tuvo perfecto sentido para mí. Empecé a entender
por qué me sentía así; realmente creo que
nuestros cuerpos llevan memorias genera-
cionales.

La madre de Lynn era nativa americana, pero había sido adopta-
da de bebé y no tenía ninguna conexión con esa cultura, lo cual
significaba que Lynn no sabía nada de sus raíces nativas hasta
que hizo algunas investigaciones por sí mismx.

El pueblo de mi mamá son los Oglala
Lakota, de las llanuras de Dakota del
Norte y del Sur. Dado que vivo en Indiana,
no estoy muy conectadx con los Oglala
Lakota que viven en su tierra natal en las
llanuras, sino que estoy más relacionadx
con la comunidad nativa intertribal aquí en
Indiana. Nuestro grupo está conformado
por unos cuantos compañeros nativos
de diferentes afiliaciones tribales que se
encuentran en comunidad por la locación.
Somos Cherokee, Potawatomi, Miami,
Lakota y Huron.

Lynn recibió la bendición de encontrar un grupo de personas que
tenía experiencias e historias similares. Incluso en el seminario,
donde actualmente persigue un título de maestría, en preparación
para el servicio en la United Church of Christ, Lynn ha encontrado
almas afines. "En mi viaje cristiano he conocido varias personas

que están conectadas del mismo modo. Por ejemplo, en el campus donde estoy actualmente, mi pastor supervisor es de ascendencia cherokee, pero estudió durante seis años con un anciano lakota".

Como uno podría adivinar, la intersección entre las identidades cristianas y nativas puede ser algo delicado de explorar debido a la colonización y el genocidio que recibieron los pueblos nativos a manos de los cristianos europeos. Richard Twiss, otro cristiano nativo, nos cuenta sobre cómo le enseñaron Gálatas 3: 28:

> Una tarde le pregunté a uno de los líderes pastorales cómo se suponía que debía relacionarme con mi cultura nativa como cristiano. Recuerdo que abrió la Biblia que llevaba y leyó Gálatas 3: 28, donde Pablo dice: "Ya no hay judío ni griego, esclavo ni libre, hombre ni mujer, sino que todos ustedes son uno solo en Cristo Jesús" (NVI). Luego de leerlo, comentó cómo las culturas deberían mezclarse para poder ser cristianos. Y concluyó: "Así que, Richard, ya no te preocupes por ser indix; solo sé como nosotros...". Y le creí. Realmente no tenía opción. Yo era nuevx, él estaba en una posición de poder o autoridad espiritual y me había dado una respuesta bíblica sobre las culturas. Así que los siguientes doce años viví la vida cristiana moldeada culturalmente por mis amigos no nativos y correligionarios cristianos —algo que, luego, descubrí que era menos de lo que hoy soy, ¡y mucho menos de lo que el Señor Jesús quiere que sea![2]

Este fue el mismo aprieto en el que se encontró la iglesia de Galacia en el primer siglo —justo en la tensión entre las diversas etnias y una identidad colectiva en Cristo. Hay dos formas de interpretar lo que Pablo dice en Gálatas 3: 28 sobre nuestro ser en Cristo: significa que nuestras diferencias son borradas y somos homogéneos —como declaró el pastor de Richard— o significa que estamos llamados a encontrar el modo de hacer que nuestras diferentes identidades encajen, como los fragmentos brillantes de colores variados que forman los vitrales de una catedral. ¿Estamos llamados a la uniformidad o estamos llamados a la unidad?[3]

Randy Woodley, otro teólogo nativo, se inclina y argumenta por la última opción. Él dice: "El argumento de Pablo en el libro de Gálatas por la libertad en Cristo también aplica a las divisiones culturales. El propósito de adorar a Dios en nuestra propia cultura es que podamos ser libres en la expresión de nuestra devoción. Cuán a menudo veo ancianos nativos americanos que asisten al servicio de adoración y llegan hasta el punto de las lágrimas cuando expresan su profunda apreciación por ver a Jesús 'siendo finalmente adorado a nuestra manera india'".[4]

Algunas personas que Lynn conoce no entienden cómo hace para albergar las diferentes piezas de la espiritualidad nativa y de la fe cristiana al mismo tiempo. "Algunos de mis apreciados amigos nativos tradicionalistas, personas amadas por mí, no entienden cómo rayos puedo identificarme como cristianx, porque esa es la religión de nuestros opresores, la religión de las personas que trataron de exterminarnos y mataron a nuestros ancestros; y todo eso es verdad. Pero no es culpa de Cristo". Claro, siempre están los cristianos que creen que Lynn debería deshacerse de su herencia nativa, como sugirió el pastor de Richard. "¿Sabes qué? —le dije a Lynn— Es bastante difícil mantener juntas dos cosas de esa manera cuando las personas no entienden. ¿Cómo es posible que también encuentres el corazón para identificarte abiertamente como Dos Espíritus, algo más que la mayoría de la gente no entiende?

Lynn se rio y me respondió:

> Una de las muchas formas en las que he tratado de explicar mi viaje de género a las personas que no lo entienden es decir que explorarlo y encontrar los puntos significativos fue como limpiar una superficie sucia con un cepillo de dientes. Conforme fregaba, aparecían algunas figuras. A medida que se revelaron, resultó que este piso era un mosaico increíble, aunque cada parte por separado no parecía ser nada en particular. Ninguna de las piezas son poco importantes porque todas tienen que existir y estar juntas para crear la imagen completa. Así que arribé a este lugar de conocimiento de mí mismx como una persona de Dos Espíritus, y ese mi género. Hay una parte mía que es femenina y hay una parte masculina; y también hay partes de mí que están tan entrelazadas y que son ambas, y luego hay algunas que no tienen un nombre que encaje con los constructos de género europeos.

El término "Dos Espíritus" (también escrito "dos-espíritus") fue acuñado por los nativos americanos miembros de las tribus de las Primeras Naciones de Canadá en 1990 para crear un término en inglés que cohesionara las sexualidades nativas y las identidades de género que han existido en múltiples tribus durante siglos.[5] Aunque originalmente sirvió como un identificador específico de los nativos para personas gay y lesbianas, pronto se amplió para incluir a personas nativas trans y aquellas con expresiones de género que no se ajustaban a su norma cultural. También reemplazó el término "berdache", que había sido usado por los antropólogos blancos para referirse a cualquier persona nativa que no parecía situarse dentro de las expectativas heterosexuales cisgénero.[6] Por estos días, las personas Dos Espíritus hablan por sí mismas, forman organizaciones por toda América del Norte, y construyen su propio nicho en la vida nativa moderna.

Lynn reconoció su identidad de Dos Espíritus cuando acompañó a su amigo a la conferencia de salud transgénero en Filadelfia. Cuenta que, tan pronto como atravesó la puerta:

> Era como si hubiera estado observando el mundo a través de un sorbete y alguien dijese: "Mi amor, deja eso". Pensé "¡Guau! Mira cómo estas personas grandiosas viven sus vidas auténticas en modos que yo nunca hubiera soñado". Fue como si dentro de mí ser desatara un efecto dominó que me hizo cuestionar todo y no tomar nada por sentado. Y, ese año, entre todas mis preguntas, conocí a varias personas Dos Espíritus. Me di cuenta de que no tenía que ser mujer u hombre. Podía ser un mosaico. Al explorarlo culturalmente con algunos compañeros y seguir leyendo, finalmente lo entendí.
>
> Todos tenemos estos fragmentos de identidad en nosotros, ya sea en nuestra sexualidad, género, fe, edad, identidad cultural, historias traumáticas personales y

> todas esas cosas que son parte de quienes
> somos se combinan para crear nuestra
> identidad. No soy solo una pieza: no soy
> solo cristianx, solo una persona nativa, solo
> Dos Espíritus, una simple sobreviviente o
> abuelx. No soy una pequeña parte; sino que
> el todo refleja quién soy. Soy todo esto.

Entonces, ¿Pablo tenía en mente las diferentes partes de nuestra
identidad cuando escribió Gálatas 3: 28? ¿Y qué quiere decir este
versículo para nuestro entendimiento del género? ¿Pablo estaba diciendo que el género ya no era importante, que a través de
nuestro bautismo en Cristo nuestras identidades de género eran
borradas o irrelevantes? Lo dudo mucho. Lo que dice Pablo sobre el género en este versículo fue revolucionario, ya que confirmó que no había patriarcado o misoginia en el nuevo reino de
Dios; quebró las barreras entre géneros y entre las personas de
diferentes géneros y Dios. Sin embargo, Pablo todavía defendió
el binarismo de género en el resto de sus cartas.

Wayne Meeks dirige nuestra atención a las creencias del
apóstol sobre la expresión y los roles de género en otras partes
del Nuevo Testamento: "Pablo insiste en la preservación de los
símbolos distintivos del momento. Las mujeres siguen siendo
mujeres y los hombres siguen siendo hombres y se visten en
consecuencia, aunque 'el fin de los siglos haya llegado sobre
ellos'. Aun así, los símbolos han perdido su significado definitivo,
porque 'la apariencia de este mundo es pasajera'".[7] Así que,
esencialmente, Meeks cree que, cuando Pablo habla sobre género,
les dice a las personas que mantengan su presentación de género
lo más de acuerdo a su cultura posible, porque la revolución del
reino que Dios prometió todavía no sucedió. Al mismo tiempo,

les dice a los cristianos que, en cierto sentido, deberían actuar como si ese reino ya estuviera aquí.

¿Confuso? ¡No te culpo! Este es uno de los misterios de la vida cristiana: somos ciudadanos de dos mundos al mismo tiempo. Somos seres humanos que viven en un tiempo donde las cosas como el género, la clase y la raza son importantes para nuestras comprensiones de nosotros mismos y del otro; aun así, estamos llamados a ser parte del nuevo reino donde cosas como sexismo, pobreza, esclavitud y racismo ya no existen. Geerhardus Vos, el padre de la reforma de la teología bíblica, una vez llamó a este misterio "el ya pero aún no". La nueva visión de Dios para el mundo se está poniendo en práctica y nos está transformando, pero no ha llegado por completo y no está ni cerca de terminar de poner las cosas cabeza abajo.

Mientras tanto, lo que Gálatas 3: 28 nos llama a recordar es que, aunque nuestras identidades de género importan, no se interponen entre Dios y nosotros. Como Lynn explicó:

> No se trata de no usar etiquetas. Pienso que hay formas en que las etiquetas son importantes. Si para ti son liberadoras —si son herramientas de liberación—, úsalas. Pero a Dios no le importa la que elijas. Su amor o aceptación no depende de eso. Libre o esclavo, griego, judío, hombre y mujer; ninguna es un obstáculo. Y si la Escritura las enumera, entonces tengo que creer que la sexualidad y la identidad de género tienen que ser parte de ese mismo paradigma, pues se menciona todo un paradigma, y no solo algunas categorías.

En la versión de Wayne Meeks sobre Gálatas 3: 28, él termina por admitir que, quizás, la visión de Pablo de la unidad a través de la diversidad en Cristo era muy revolucionaria —y quizás demasiado peligrosa— para su tiempo. Aunque puedes imaginar el brillo en los ojos de Meeks cuando concluye: "La declaración de que en Cristo no hay más hombre y mujer se desvaneció en una metáfora inocua, quizás para esperar la llegada del momento adecuado".[8]

¿Qué mejor momento que este para empezar a recordarles a los cristianos la unidad que heredamos a través de nuestro bautismo? ¿Qué mejores maestros de fortaleza en la diversidad podríamos tener que personas como Lynn, cuyas mismísimas vidas están hechas de muchas identidades diferentes cosidas con los hilos del Espíritu Santo? Quizás es tiempo de acercar el "aún no" al "ahora".

Conclusión

Caja de herramientas de reafirmación trans

En Lucas 15 encontramos a Jesús haciendo lo que hacía mejor: hablar y comer con pecadores. Las autoridades religiosas de aquel tiempo los critican y juzgan por su comportamiento y por la compañía que mantiene. En respuesta a sus preocupaciones, Jesús cuenta una historia:

> Si alguien tiene cien ovejas y pierde una, ¿no deja acaso las noventa y nueve en el campo y va a buscar la que se había perdido, hasta encontrarla? Y cuando la encuentra, la carga sobre sus hombros, lleno de alegría, y al llegar a su casa llama a sus amigos y vecinos, y les dice, 'Alégrense conmigo, porque encontré la oveja que se me había perdido'. Les aseguro que, de la misma manera, habrá más alegría en el cielo por un solo pecador que se convierta, que por noventa y nueve justos que no necesitan convertirse. (Lucas 15:4–7)

Probablemente, muchos de nosotros conocimos esta historia cuando éramos niños; es una de las preferidas de la escuela dominical, ¡y con justas razones! Es increíblemente reconfortante imaginar que eres la oveja perdida y estás en los hombros de Jesús luego de una aventura excitante pero no recomendable. A veces, esta historia es exactamente el mensaje del evangelio que nos hace falta

—cuando necesitamos escuchar que somos dignos del amor de Dios y que él arriesgará todo para traernos de vuelta a casa.

Pero ¿si imaginamos esta historia de un modo diferente? ¿Qué si la oveja perdida no se apartó de la seguridad y la bondad del pastor? ¿Qué si tan solo intentaba escapar de la crueldad de las demás ovejas? Las ovejas ocasionalmente seleccionan a un miembro del rebaño que no encaja —quizás por una herida o por una marca extraña— y lo ahuyentan. A veces pienso que los cristianos necesitamos vernos a nosotros mismos más entre las noventa y nueve ovejas que se quedaron quietas y preguntarnos si podríamos haber sido parte de la razón original por la que la oveja se perdió.

Con esto no pretendo poner el foco en la culpa —en realidad, todos tenemos días de oveja perdida y días de ovejas de rebaño—, pero creo que esta metáfora se cumple. Los cristianos han ahuyentado a las personas LGTBQ+ de la iglesia durante décadas —y luego nos preguntan por qué no volvemos y nos arrepentimos. Sin embargo, da un vistazo a lo que Jesús hace con esta situación. Deja las noventa y nueve ovejas detrás para ir en búsqueda de la que necesita ayuda. Es una metáfora poderosa porque va en contra de todo lo que se nos ha enseñado en cuestiones de obtener el mayor beneficio. ¡Cualquier economista te dirá que el pastor debe dejar sus pérdidas y seguir adelante!

Pero lo que está en juego para Jesús en esta situación no es simplemente esa oveja perdida, o las noventa y nueve que están en casa. Es la integridad del rebaño como un todo. Salvar solo al grupo principal o al individuo no serviría de nada, porque el rebaño es más que solamente la suma de sus partes. Cuando Jesús va tras esa oveja perdida, lo que le está diciendo al rebaño —lo que nos está diciendo a nosotros— es que no estamos completos sin el otro.

En este libro, los cristianos transgénero han compartido sus historias y el modo en que las Escrituras, la fe y la identidad de género interactúan en sus vidas. Espero que hayas podido leer estas historias y hayas llegado a la misma conclusión que el pastor: que nuestras comunidades de fe e iglesias no están completas sin los compañeros trans y sus experiencias.

En la cena desordenada, loable y caótica que es la vida en la iglesia, los cristianos transgénero tienen mucho que aportar. Podemos ayudar a ver a la Escritura a través de otros lentes; podemos ayudar a otros cristianos a entender sus propias identidades de género; podemos ayudar a quebrar las barreras creadas por el sexismo y la misoginia; podemos recordarles a las personas la diversidad de la creación de Dios y su ilimitada naturaleza; podemos interponernos en las brechas y ser puentes en los espacios intermedios donde otros pueden sentirse incómodos o desinformados; podemos ayudar a hacer las conexiones entre lo sagrado y lo secular, haciendo a la iglesia más relevante para el mundo, y podemos provocar a las personas para que se hagan preguntas sobre sí mismas y sobre Dios que quizás nunca se hicieron.[1] ¡Y todo eso sucede mientras la mayoría de las iglesias sigue sin respaldar nuestra existencia como cristianos! ¡Imagina todo lo que podemos hacer si trabajásemos juntos!

Así que hablemos de cómo podemos reunir al rebaño de nuevo. Siempre ayuda tener algunos ejemplos para seguir, así que echemos un vistazo a algunas iglesias y ministerios que están haciendo cosas increíbles.

- En junio de 2017, La Iglesia Metodista Unida comisionó a su primer diáconx no binario, nuestrx M. Barclay del capítulo 4.[2] M se unió al clérigo transgénero, sirviendo abiertamente a la Iglesia Evangélica Luterana en América, la Iglesia Episcopal, la Asociación Unitaria Universalista, la Fraternidad Universal de Iglesias de la Comunidad Metropolitana y la Iglesia Unida de Cristo.

- Pastores como Jeffrey Dirrim están empezando ministerios eclesiales que alcanzan a jóvenes transgénero sin hogar, proveyéndoles comunidad, comida y suministros, amor y solidaridad.[3]

- Iglesias como la Comunidad Unitaria Universalista de Fairbanks, Alaska, han iniciado programas para ayudar a las personas transgénero a cambiar sus documentos legales y han recaudado dinero para las costosas tarifas inherentes al proceso.[4]

- Algunas comunidades de fe como la Primera Iglesia Congregacional de Santa Barbara, California, han abierto sus puertas y empezado a compartir el espacio con centros de comunidad transgénero y a apoyar grupos.[5]

Estos individuos, iglesias y comunidades están actuando como las manos y pies de Jesús en el mundo para una población que los necesita. Y más que eso: a través de sus acciones, reconocen que las personas trans son hijas de Dios, y parte de este rebaño y familia.

Si te preguntas qué puede hacer tu iglesia para apoyar a las personas trans en tu comunidad, ¿por qué no comenzar por hacerse algunas preguntas y realizar un balance de dónde se encuentra tu comunidad en este momento?

- *Educación.* ¿Qué pasos tiene que dar tu comunidad para conocer más sobre la sexualidad y la identidad de género?

- *Conversación.* ¿Qué tipo de espacios tiene tu comunidad para conversaciones internas sobre identidades de género y recepción de miembros transgénero?

- *Consenso.* ¿Tu comunidad ha escrito algún tipo de declaración de bienvenida o solidarización que incluya explícitamente a las personas transgénero?

- *Conexión.* ¿Tu comunidad es parte de algún programa de reafirmación LGTBQ+ a nivel nacional?

- *Seguimiento.* ¿Qué pasos concretos toma tu comunidad cada semana, mes y año para ayudar a las personas transgénero?

Estas preguntas pueden ayudarte a iniciar conversaciones con otros miembros de la comunidad y líderes en tu iglesia. Pero ¿qué tal algunos ejemplos concretos de estos pasos de acción? Aquí hay algunas sugerencias para que empieces:

- Crea un grupo de defensa en tu iglesia que se comprometa a dialogar con su cuerpo de gobierno denominacional con respecto a la inclusión trans.

- Tengan a mano una liturgia para el Día Internacional de la Memoria Transexual (el 20 de noviembre de cada año).[6]

- Ofrece clases de educación en temas relacionados con el género y la identidad de género constantemente.

- Haz presencia en la marcha del orgullo LGBTQ+ más cercana que tengas.

- Alienta la participación y el liderazgo de las personas transgénero en la vida de tu iglesia.

- Ten recursos de fe trans en la biblioteca de la iglesia.

- Ten disponible una liturgia para cambios de nombre y bautismo para los compañeros trans.

- Crea un baño de género neutro en el edificio de tu iglesia.

- Incluye ítems como identidad sexual y de género en tu política de contratación.

- Usa lenguaje inclusivo en tus sermones, liturgias, boletines y volantes.

- Crea un plan de alcance comunitario que ayude a explicar qué está haciendo su iglesia para dar la bienvenida a las personas transgénero.

- Asegúrate de que todos los líderes de la iglesia —especialmente líderes de jóvenes— tengan algo de entrenamiento en temáticas de identidad de género, para que puedan responder compasivamente y con conocimiento cuando una persona transgénero visita tu iglesia o cuando un miembro existente sale del clóset.

- Incluye textos teológicos de cristianos transgénero en tu enseñanza, predicación y estudio bíblico.

- Incluye historias de la Biblia de minorías de género como las que encuentras en este libro en tu programa de jóvenes para ayudar a la juventud trans a conectar con su fe.

- Incluye capacitación en temáticas LGBTQ + en tus clases para nuevos miembros.

"Bueno, bueno —te escucho decir—, muchas buenas ideas, ¿pero qué si de momento no estoy conectado con ninguna iglesia o comunidad reafirmante? ¿Hay algo que pueda hacer como individuo?".

¡Absolutamente, sí! Ya sea que pertenezcas a otra clase de comunidad que esté trabajando para la inclusión trans o que seas alguien con un compañero de trabajo o un familiar trans, hay muchísimas maneras en que puedes ayudar. Te comparto solo algunas ideas:

- Edúcate en las cuestiones básicas, ¡y luego continúa! Estás leyendo este libro, así que ya has hecho un gran comienzo. Las becas sobre temas trans están creciendo todo el tiempo y siempre hay más que aprender.

- Siempre usa el lenguaje inclusivo que corresponda. Si no estás seguro, está más que bien que preguntes. Si cometes un error, simplemente discúlpate y continúa. No hay necesidad de armar un alboroto.

- Lee la obra de educadores, teólogos y trabajadores de la justicia trans (puedes encontrar muchos buenos ejemplos en la sección Para más Lectura).

- Piensa sobre cómo usas el lenguaje de género en tu vida cotidiana, y sobre cuando asumes algo sobre el género de otra persona. Considera, por ejemplo, modificar saludos como "¡Buenos días, chicas!" por "¡Buenos días, gente!" cuando te encuentras con un nuevo grupo de personas.

- Practica interrumpir conversaciones negativas. Si escuchas a alguien hablando mal de una persona trans por su identidad de género, considera meterte y explicar por qué ese comportamiento no está bien.

- Manifiesta tu apoyo para que las personas alrededor de ti sepan que está bien que también expresen su apoyo, o incluso que salgan del clóset contigo si necesitan un amigo.

- No hagas preguntas invasivas sobre el cuerpo de la persona o sobre su nombre de nacimiento.

- No "expongas" a alguien, hablando de su identidad trans con otros.

- ¡Cuidado con los cumplidos ambiguos! Frases como "¡Eres tan bonita para ser una mujer trans!" en realidad son mucho más dañinas que amables.

- Involúcrate en las políticas para que cambien, y mantente atento a las leyes que excluyan a las personas trans en tu país.

- Ofrece ayudar a las personas trangénero a pasar por espacios inseguros como baños y vestuarios. A veces, tener un compañero contigo es la diferencia entre una salida nocturna y un viaje al hospital.

- Dona a organizaciones que ayudan a las personas transgénero a acceder a atención médica asequible, vivienda, trabajo seguro y asesoramiento legal.

Ahora, para mis hermanos transgénero. Si eres una persona trans, los recursos que necesitarás serán diferentes de los que necesitan las iglesias y personas cisgénero aliadas. Lo más importante que puedes hacer como cristiano trans es conectarte con una comunidad, ya sea personalmente o a través de la web. En la sección "Para más Lectura" de este libro encontrarás recomendaciones de organizaciones web que pueden ayudarte a empezar, y recomendaría enfáticamente que te fijes en el buscador de iglesias de Believe Out Loud, que te permite localizar iglesias que apoyan las identidades trans, e incluso las filtra por denominación. Ten la seguridad de que se crean más recursos todos los días y que cada domingo hay una nueva iglesia que abre sus puertas a personas como tú. Si no tienes acceso a una comunidad de fe —física o en línea— de personas trans, tienes que saber que hay organizaciones e individuos que están trabajando todos los días para acercarte esos recursos. No estás en el olvido; no estás solo.

No te olvides de practicar algo de autocuidado espiritual. La mayoría de nosotros hemos experimentado alguna forma de rechazo, y construir resiliencia espiritual es algo difícil, incluso bajo las mejores circunstancias. Déjame contarte sobre tres formas de autocuidado espiritual que me han ayudado:

- *Leer Salmos*. Para cada persona que alguna vez ha tenido ganas de gritarle a Dios o quedarse en la cama todo el día llorando, Salmos es el libro ideal. Alternativamente, si alguna vez has tenido ganas de bailar porque estás muy feliz de estar vivo o de cantar por el bello amanecer, ¡Salmos *también* es el libro para ti! Esta colección de 150 canciones y poemas es una gran forma de comenzar a leer la Biblia si no sabes bien por dónde empezar. No importa qué estés sintiendo ahora, probablemente hay un salmo para ello; y saber que alguien más hace más de dos mil años atrás entiende un poco cómo te sientes puede ser increíblemente alentador.

- *Practicar el Sabat*. Como cristiano transgénero, es muy probable que gastes una buena cantidad de tu tiempo defendiéndote, educando a las personas e intentando sacar adelante tu propia vida. Ser trans puede ser cansador, y la Escritura nos dice que el descanso no solo es bueno para nosotros, sino también para nuestra relación con Dios.

- Tomarse el tiempo cada día para escribir tu recorrido en la oración o tomarse un día cada semana para desconectarse de todas las malas noticias y la indignación de las redes sociales puede ayudarte a recargarte y reconectarte con quién eres y cómo experimentas a Dios a diario

- *Encuentra un compañero de charlas.* Es muy fácil que te atasques en tu propia cabeza cuando pasas mucho tiempo pensando sobre fe y género. Hay una antigua práctica de buscar un compañero de diálogo para ayudarte a pensar estas cosas y ofrecerte algunos puntos de vista desde afuera. Ese compañero puede venir en la forma de un amigo, un terapeuta, un consejero espiritual, un pastor o incluso un diario personal. Permitirnos hacer preguntas aterradoras sobre lo que creemos es una profunda oportunidad de crecimiento, y sacar esas palabras de nosotros de alguna manera puede ayudarnos a dejar nuestras preocupaciones listas para el descanso sabático.

Finalmente, no tengas miedo de pedir ayuda. Si estás notando un declive en tu salud mental, o incluso si solo necesitas alguien para hablar, siempre puedes comunicarte con otros a través de Trans Lifeline, la línea de crisis hecha para personas trans, por personas trans. También puedes hablar con personas por mensaje de texto o por la web a través de otras organizaciones que encontrarás enlistadas en la sección "Para más Lectura" debajo de "Líneas de Ayuda".

Como cristianos trans, usualmente nos encontramos entre la espada y la pared. A veces nos sentimos poco bienvenidos en las iglesias por nuestra identidad de género, y a veces eso nos pasa también en los espacios LGTBQ+ a causa de nuestra fe. Puede ser una línea difícil por la que caminar, ¡pero también puede ser un viaje de alegría! Hay tantos cristianos transgénero que prosperan en el mundo, y aquí has conocido a algunos de ellos. Espero que sus historias te hayan dado una idea de cómo puede ser nuestro futuro en las comunidades de fe. Juntos —y junto a aquellos que luchan para terminar con el racismo, el sexismo, la xenofobia y la discriminación basados en la capacidad física o mental— los cristianos transgénero continuaremos trabajando por la justicia de todas las personas. Mantendremos en nuestros corazones la verdad que la activista de derechos humanos Fannie Lou Hamer proclamó: *Nadie es libre hasta que todos son libres.* Entonces, ¿qué pasa cuando los cristianos transgénero son capaces de florecer y encontrar comunidad, y cuando las iglesias son capaces de ver los dones que estos traen? Primero, caen las tasas de violencia contra las personas trans, porque los grupos cristianos ya no defienden puntos de vista y legislaciones transexcluyentes. Luego, el estrés de las minorías que las personas trans experimentan se debilita, porque viven en medio de una comunidad que los apoya espiritual, física y emocionalmente. Las personas que una vez se fueron del cristianismo por el trato negativo hacia los individuos LGTBQ+ empiezan a volver, sintiendo curiosidad por la forma en que la gracia se manifiesta en medio de las relaciones resucitadas.

El tiempo y los recursos que una vez se destinaron a pelear esta batalla de la "guerra cultural" ahora van a almuerzos de verano para los niños de la escuela, construcción de viviendas para personas de bajos ingresos y paquetes de bienvenida para familias de refugiados. Los líderes transgénero, muchos de los cuales tienen experiencia en la organización comunitaria, comienzan a crear programas de divulgación que llevan la adoración a los parques locales y casas de retiro, en lugar de esperar a que la gente se tropiece con el santuario. La iglesia crece, el evangelio se difunde, los niños crecen en el amor y la seguridad, y la justicia comienza a fluir como el agua.

Y lo más importante: cuando los cristianos transgénero son aceptados y celebrados en comunidades cristianas, el rebaño del Buen Pastor se vuelve a unir y una vez más nos convertimos en más que la suma de nuestras partes. Conseguimos una previsualización del reino de Dios aquí en la tierra, y Lucas 15 nos dice que hay regocijo en los cielos. Decimos que sí, individual y comunitariamente, al amor de Dios que busca unirnos, y somos transformados.

Agradecimientos

Tengo una increíble cantidad de agradecimientos; primero y principal, a los cristianos transgénero y a los buenos amigos que me confiaron sus historias como parte del proyecto. Fue un privilegio entrevistarlos, ya sea que hayamos hablado una sola vez, ¡o una vez por semana! Ustedes me inspiraron y estoy muy orgulloso de conocer a cada uno.

A Ariel y a mi familia, por escucharme celebrar y estresarme por cada bache en el camino que condujo a la publicación de este libro. Ari, literalmente no podría haber hecho esto sin ti, primero porque me mantuviste con los pies en la tierra y segundo porque transcribiste muchas de estas entrevistas. Lo único mejor que haberte involucrado en este libro es tenerte en mi vida. Te quiero mucho.

Gracias a mi mamá por regalarme risas y brillantez, y por sostener mi mano a través de los momentos aterradores. Gracias a mi papá por las horas que pasamos debatiendo sobre religión cuando era adolescente, y por los camiones enteros de amor a través de todas las cosas difíciles. Gracias a Lance y Susan por mantener a los otros dos relativamente cuerdos y por ser una gran fuente de bondad en mi mundo. Gracias a Madelyn por asegurarme que los escritores nunca cumplen con sus plazos y a Julia por deslumbrarme.

Debo más agradecimientos de los que puedo dar a John y Liane Roe, que continuamente me han apoyado a mí y a la obra que realicé durante los últimos años. John, tus libros están en mi estante, y tu coraje y compasión llenan mi corazón. Espero que estemos haciendo que Eli se sienta orgullosa.

Les agradezco inmensamente a Rachel Held Evans, Deborah Jian Lee, Dianna Anderson y Mathew Vines, mis autores gurú, que contestaron una tonelada de mis preguntas y me guiaron en las direcciones adecuadas. Un gran abrazo para Kenji Kuramitsu, porque sí, en general, y por haberme ayudado a través de la fase de planeamiento con mucha empatía y gracia. Gracias a mis mejores amigos, Emmy Kegler, Kit Apostolacus, Allyson Robinson, Kevin García y a todas las personas que me alentaron, hablaron conmigo y me dieron esas buenas reafirmaciones por internet.

Un gran cariño a mi familia de la iglesia de Humble Walk, que me acogió y recordó cómo era ser parte del cuerpo de Cristo. Su voluntad para atestiguar mi renombramiento y su constante apoyo a través de mi transición hicieron posible este libro. Y claro, un especial agradecimiento a la pastora Jodi Houge por su guía, sabiduría y sus gestos de afirmación.

Gracias a todos mis profesores del Seminario Luterano, especialmente a Michael Chan y Eric Barreto, que accedieron a revisar los primeros borradores de mi propuesta. ¡Muchas gracias a Chelsea Bell por ser mi editora no oficial en las primeras etapas y ayudarme a pensar en cómo explicar la teología en lenguaje cotidiano!

Gracias a mi editora, Jessica Miller Kelley, que me dejó discutir con ella, aunque casi siempre tenía una idea mucho mejor. Gracias también a mi agente, Greg Daniel, que corrió el riesgo conmigo cuando otras agencias no lo hicieron. Realmente aprecio el modo en que estas dos personas le dieron la forma final a este proyecto.

Sé que me estoy olvidando de tantas personas que me ayudaron a llevar este pequeño sueño a la realidad, pero tranquilos, si son alguno de los olvidados, prometo regalarles algunas delicias horneadas en cuanto me acuerde.

Este libro no existiría sin cada una de las personas transgénero que me han enviado un correo electrónico, me han dejado un comentario en YouTube, dedicado un *tweet*, o escrito una carta preguntándome sobre la fe. Este libro es y siempre será para ustedes.

Soli Deo Gloria.

Notas

Capítulo 1: Parados en el borde

1. "A Survey of LGBT Americans: Attitudes, Experiences, and Values in Changing Times", Pew Research Center, Washington DC, [13 de junio de 2013], p. 11.

2. "How Many People Are Lesbian, Gay, Bisexual, and Transgender?", Instituto Williams, Los Angeles, [abril de 2011], p. 1.

3. "A Shifting Landscape: A Decade of Change in American Attitudes about Same-Sex Marriage and LGBT Issues", Public Religion Research Institute, Washington DC, [26 de febrero de 2014], 19.

4. "America's Changing Religious Landscape: Christians Decline Sharply as Share of Population; Unaffiliated and Other Faiths Continue to Grow", Pew Research Center, Washington DC, [25 de mayo de 2015].

5. "A Survey of LGBT Americans", 91.

6. "America's Changing Religious Landscape", 87.

7. "HRC National Survey of Likely Voters", Human Rights Campaign, Washington DC, 2016, disponible en: http://www.hrc.org/resources/hrc-national-survey-of-likely-voters.

8. Emily McFarlan Miller, "Evangelical Transgender Conference Rejects Notion That Gender Identity Can Change," Religion News Service, [21 de septiembre de 2015], disponible en: http://religionnews.com/2015/09/21/evangelical-transgender-conference-rejects-notion-gender-identity-can-change/

9. Bob Allen, "Conference Confronts Transgender 'Confusion'", Baptist News Global, [5 de octubre de 2015], disponible en: https://baptistnews.com/article/conference-confronts-transgender-confusion/

10. "Dear Colleague Letter on Transgender Students", Carta del US Department of Justice Civil Rights Division and US Department of Education Office for Civil Rights, [13 de mayo de 2016], disponible en: http://www.ed.gov/about/offices/list/ocr/letters/colleague-201605-title-ix-transgender.pdf.

11. Liam Stack, "Religious Colleges Obtain Waivers to Law That Protects Transgender Students", [10 de diciembre de 2015], disponible en: http://www.nytimes.com/2015/12/11/us/religious-colleges-obtain-waivers-to-anti-discrimination-law.html?_r=0.

12. Alliance Defending Freedom, "ADF Recommends Policy to Protect Student Privacy in Restrooms, Locker Rooms" comunicado de prensa, [5 de diciembre de 2014], disponible en: http://www.adfmedia.org/News/PRDetail/?CID=82478.

13. Rachel Percelay, "A 'Religious Freedom' Legal Powerhouse Is Leading the National Fight against Transgender Student Rights", Media Matters for America, [5 de noviembre de 2015],

disponible en:
http://mediamatters.org/research/2015/11/05/a-religious-
freedom-legal-powerhouse-is-leading/20658.

14. Peter Sprigg, "Gender Identity Protections and 'Bathroom
Bills'", Family Research Council, [julio de 2010], disponible en:
http://www.frc.org/onepagers/gender-identity-protections-ba-
throom-bills.

15. Carlos Maza y Luke Brinker, "15 Experts Debunk Right-Wing
Transgender Bathroom Myth", Media Matters for America, [20
de marzo de 2014], disponible en:
http://mediamatters.org/research/2014/03/20/15-experts-de-
bunk-right-wing-transgender-bathro/19853.

16. Jody L. Herman, "Gendered Restrooms and Minority Stress:
The Public Regulation of Gender and Its Impact on Transgender
People's Lives", Instituto Williams, [junio de 2013], consultado
el 31 de julio de 2017, disponible en:
https://williamsinstitute.law.ucla.edu/wp-content/uploads/Her-
man-Gendered-Restrooms-and-Minority-Stress-June-2013.pdf.

17. "Transgenderism-Our Position", Focus on the Family, 2008,
2015, disponible en:
http://www.focusonthefamily.com/socialissues/sexuality/trans-
genderism/transgenderism-our-position.

18. Samantha Allen, "After North Carolina's Law, Trans Suicide
Hotline Calls Double", The Daily Beast, [20 de abril de 2016],
disponible en:
http://www.thedailybeast.com/articles/2016/04/20/after-nor-
th-carolina-s-law-trans-suicide-hotline-calls-double.html.

19. Cole Parke, "The Christian Right's Favorite New Target: North Carolina Isn't Alone", Political Research Associates, [29 de marzo de 2016], disponible en: http://www.politicalresearch.org/2016/03/29/the-christian-rights-favorite-new-target-north-carolina-isnt-alone/#sthash. JyjTDsGY.dpbs.

20. John L. Rustin to Gov. Pat McCrory, Sen. Phil Berger, Rep. Tim Moore, "Why a Special Session to Repeal Charlotte's Ordinance Changes Is Necessary", [2 de marzo de 2016], North Carolina Family Policy Council, Marzo del 2016, disponible en: http://www.ncfamily.org/wp-content/uploads/2016/03/160302-Charlotte-SOGI-Ordinance-Ltr.pdf.

21. "On Transgender Identity", Southern Baptist Convention, [junio de 2014], disponible en: http://www.sbc.net/resolutions/2250/on-transgender-identity.

22. "Gender Identity Disorder or Gender Dysphoria in Christian Perspective", Commission on Theology and Church Relations, Lutheran Church–Missouri Synod, [mayo de 2014], pp. 8-9.

23. "Homosexuality, Marriage, and Sexual Identity", The General Council of the Assemblies of God, [agosto de 2014], disponible en: http://ag.org/top/beliefs/position_papers/pp_downloads/pp_4181_homosexuality.pdf.

24. "Vatican Says 'No' to Transsexual Godparents amid Spain Controversy", Agencia Católica de Noticias, [2 de septiembre de 2015], disponible en:

http://www.catholicnewsagency.com/news/vatican-says-no-to-transsexual-godparents-amid-spain-controversy-54280/

25. Heather Saul, "Pope Francis Compares Arguments for Transgender Rights to Nuclear Arms Race", [21 de febrero de 2015], disponible en:
http://www.independent.co.uk/news/people/pope-francis-compares-arguments-for-transgender-rights-to-nuclear-arms-race-10061223.html.

26. James Dobson, "Protect Your Kids from Tyrant Obama", World-NetDaily (WND), [30 de mayo de 2016], disponible en: http://www.wnd.com/2016/05/protect-your-kids-from-tyrant-obama/

27. "2016 Was the Deadliest Year on Record for Transgender People", GLAAD, [9 de enero de 2017], consultado el 30 de junio del 2017, disponible en:
https://www.glaad.org/blog/2016-was-deadliest-year-record-transgender-people.

28. "Addressing Anti-Transgender Violence: Exploring Realities,Challenges, and Solutions for Policymakers and Community Advocates," Human Rights Campaign, Washington, DC, Noviembre del 2015, 2.

29. "Injustice at Every Turn: A Report of the National Transgender Discrimination Survey," National Center for Transgender Equality, Washington, DC, National Gay and Lesbian Task Force, Washington, DC, 2011, 2–8.

30. Ilan H. Meyer, "Prejudice, Social Stress, and Mental Health in Lesbian, Gay, and Bisexual Populations: Conceptual Issues and Research Evidence," *Psychological Bulletin* 129, no. 5 (2003): 674–97.

31. "Suicide Attempts among Transgender and Gender Non-Conforming Adults: Findings of the National Transgender Discrimination Survey," American Foundation for Suicide Prevention, New York, El InstitutoWilliams, Los Angeles, Enero del 2014, 2.

32. "New Study Shows Transgender People May Experience Substantial Problems in Public Restrooms; Some Jurisdictions Provide Protections", Instituto Williams, nuevo lanzamiento, [25 de junio de 2013], disponibl en: http://williamsinstitute.law.ucla.edu/press/press-releases/25-jun-2013/

33. Caitlin Ryan, Stephen T. Russell, David Huebner, Rafael Diaz, y Jorge Sanchez, "Family Acceptance in Adolescence and the Health of LGBT Young Adults", *Journal of Child and Adolescent Psychiatric Nursing,* [noviembre de 2010], p. 210.

34. Zack Ford, "Family Acceptance Is the Biggest Factor for Positive LGBT Youth Outcomes, Study Finds", ThinkProgress, [24 de junio de 2015], disponible en: http://thinkprogress.org/lgbt/2015/06/24/3673445/families-make-difference-for-lgbt-youth/.

35. Ryan et al., "Family Acceptance in Adolescence", p. 210.

Capítulo 2: Guía para principiantes en género

1. Para mayor información sobre estos términos, recomiendo el siguiente libro de Nicholas M. Teich, una persona trans: Nicholas M. Teich, *Transgender 101: A Simple Guide to a Complex Issue,* New York: Columbia University Press, 2012.

2. Para obtener un resumen de la investigación sobre este tema, consulta Luk Gijs y Anne Brewaeys, "Surgical Treatment of Gender Dysphoria in Adults and Adolescents: Recent Developments, Effectiveness, and Challenges", *Annual Review of Sex Research,* 18, no. 1 (15 de noviembre de 2012), pp. 178–224. Además, véase Marco Colizzi, Rosalía Costa y Orlando Todarello, "Transsexual Patients' Psychiatric Comorbidity and Positive Effect of Cross-Sex Hormonal Treatment on Mental Health: Results from a Longitudinal Study", *Psychoneuroendocrinology,* 39, 2014, pp. 65–73.

3. "Sardanapalus", *Enciclopedia Británica*, disponible en: https://www.britannica.com/topic/Sardanapalus-legendary-king-of-Assyria.

4. Caroline Kim-Brown, "The Woman Who Would Be King", *Humanities,* 26, no. 6, [noviembre de 2005], pp. 18-21.

5. Sabine Lang, *Men as Women, Women as Men: Changing Gender in Native American Cultures,* Austin: University of Texas Press, 1998, p. 67.

6. Laura Erickson-Schroth, *Trans Bodies, Trans Selves: A Resource for the Transgender Community,* Oxford: Oxford University Press, 2014, pp. 502-503.

7. Elizabeth Reis, "Hermaphrodites and 'Same-Sex' Sex in Early America" en *Long before Stonewall: Histories of Same-Sex Sexuality in Early America*, ed. Thomas A. Foster, New York: New York University Press, 2007, pp. 144-163.

8. Susan Stryker, *Transgender History*, Seal Studies, Berkeley, CA: Seal Press, 2008, pp. 32–33.

9. Martin B. Duberman, *Stonewall,* New York: Plume, 1994.

10. *Pay It No Mind: The Life and Times of Marsha P. Johnson*, dirigido por Michael Kasino, USA: Frameline Films, 2012, [15 de octubre de 2012], consultado el 3 de junio de 2017, disponible en: https://www.youtube.com/watch?v=rjN9W2KstqE.

11. Stryker, *Transgender History*, pp. 83–85.

12. *MAJOR!*, dirigido por Annalise Ophelian, producido por Storm-Miguel Florez, USA: Floating Ophelia Productions, 2015, disponible en: http://www.missmajorfilm.com/

13. David Haig, "The Inexorable Rise of Gender and the Decline of Sex: Social Change in Academic Titles, 1945–2001", *Archives of Sexual Behavior,* 33, no. 2, 2004, pp. 87–96.

14. Barry S. Hewlett, *Intimate Fathers: The Nature and Context of Aka Pygmy Paternal Infant Care,* Ann Arbor: University of Michigan Press, 1991.

15. Cai Hua, *A Society without Fathers or Husbands: The Na of China,* New York: Zone Books, 2001.

16. Jeanne Maglaty, "When Did Girls Start Wearing Pink?", Smithsonian.com, [7 de abril de 2011], disponible en:

http://www.smithsonianmag.com/arts-culture/when-did-girls-start-wearing-pink-1370097.

17. Anne Fausto-Sterling, *Sexing the Body: Gender Politics and the Construction of Sexuality,* New York: Basic Books, 2000.

18. Cordelia Fine, Delusions *of Gender: How Our Minds, Society, and Neurosexism Create Difference,* New York: W. W. Norton & Co., 2011.

19. Daphna Joel, Zohar Berman et al., "Sex beyond the Genitalia: The Human Brain Mosaic", *Proceedings of the National Academy of Sciences,* 112, no. 50, 2015, pp. 15468–73.

20. Giuseppina Rametti, Beatriz Carrillo et al., "White Matter Microstructure in Female to Male Transsexuals before Cross-Sex Hormonal Treatment: A Diffusion Tensor Imaging Study", *Psychiatric Research,* 45, no. 2, 2011, pp. 199–204.

21. Giuseppina Rametti, Beatriz Carrillo et al., "The Microstructure of White Matter in Male to Female Transsexuals before Cross-Sex Hormonal Treatment: A DTI Study", *Journal of Psychiatric Research,* 45, no.7, 2011, pp 949–954.

Capítulo 3: ¿Pecado, enfermedad o especialidad?

1. A. R. Flores, J. L. Herman, G. J. Gates, y T. N. T. Brown, "How Many Adults Identify as Transgender in the United States?", Instituto Williamns, 2016, consultado el 30 de junio de 2017, disponible en:

https://williamsinstitute.law.ucla.edu/wp-content/uploads/How-

Many-Adults-Identify-as-Transgender-in-the-United-States.pdf.

2. Mark A. Yarhouse, *Understanding Gender Dysphoria: Navigating Transgender Issues in a Changing Culture,* Downers Grove, IL: IVP Academic, InterVarsity Press, 2015, p. 46.

3. Robert A. J. Gagnon, "Transsexuality and Ordination", Rob-Gagnon.net, [agosto de 2007], disponible en: http://www.rob-gagnon.net/articles/TranssexualityOrdination.pdf.

4. "The Danvers Statement", The Council on Biblical Manhood and Womanhood, Wheaton, IL, 1988.

5. Ver Jeremy J. Gibbs y Jeremy Goldbach, "Religious Conflict, Sexual Identity, and Suicidal Behaviors among LGBT Young Adults", *Archives of Suicide Research,* 19, no. 4 [octubre de 2015], pp. 472–488, y John T. Super y Lamerial Jacobson, "Religious Abuse: Implications for Counseling Lesbian, Gay, Bisexual, and Transgender Individuals", *Journal of LGBT Issues in Counseling,* 5, no. 3/4, [julio de 2011], pp. 180–196.

6. Yarhouse, *Understanding Gender Dysphoria*, pp. 48–49.

7. Ibid., p. 49.

8. Lucas 13: 15.

9. Ilan H. Meyer, "Prejudice, Social Stress, and Mental Health in Lesbian, Gay, and Bisexual Populations: Conceptual Issues and Research Evidence", *Psychological Bulletin,* 129, no. 5, 2003, pp. 674–697.

10. Cathy Kelleher, "Minority Stress and Health: Implications for Lesbian, Gay, Bisexual, Transgender, and Questioning (LGBTQ)

Young People", *Counselling Psychology Quarterly,* 22, no. 4, [diciembre de 2009], p. 376.

11. Rylan J. Testa, Matthew S. Michaels, Whitney Bliss, Megan L. Rogers, Kimberly F. Balsam, y Thomas Joiner, "Suicidal Ideation in Transgender People: Gender Minority Stress and Interpersonal Theory Factors", *Journal of Abnormal Psychology,* 126, no. 1, 2017, pp. 125–136.

12. Yarhouse, *Understanding Gender Dysphoria*, p. 137.

13. Ibid., p. 50.

14. K. R. Olson, L. Durwood, M. Demeules, y K. A. Mclaughlin, "Mental Health of Transgender Children Who Are Supported in Their Identities", *Pediatrics,* 137, no. 3, 2016.

15. Joan Roughgarden, *Evolution's Rainbow: Diversity, Gender, and Sexuality in Nature and People,* Berkeley: University of California Press, 2004, pp. 31–33.

16. Doug VanderLaan et al., "Elevated Kin-Directed Altruism Emerges in Childhood and Is Linked to Feminine Gender Expression in Samoan Fa'afafine: A Retrospective Study", *Archives of Sexual Behavior,* 46, no. 1 [enero de 2017], pp. 95–108.

17. Yarhouse, *Understanding Gender Dysphoria*, pp. 50–51.

Capítulo 4: Y Dios dijo: "Que exista el pantano"

1. "Timeline of Women in Methodism", United Communications–

United Methodist Church, disponible en: http://www.umc.org/who-we-are/timeline-of-women-in-methodism.

2. Richard S. Hess y David T. Tsumura, eds., *"I Studied Inscriptions from before the Flood": Ancient Near Eastern, Literary, y Linguistic Approaches to Genesis 1–11*, Fuente para estudios bíblicos y teológicos 4 (Winona Lake, IN: Eisenbrauns, 1994).

3. Noach Dzmura, *Balancing on the Mechitza: Transgender in Jewish Community*, Berkeley, CA: North Atlantic Books, 2010.

4. Leonard Sax, "How Common Is Intersex? A Response to Anne Fausto-Sterling", *Journal of Sex Research*, 39, no. 3, 2002, p. 174.

5. Megan K. DeFranza, *Sex Difference in Christian Theology: Male, Female, and Intersex in the Image of God*, Grand Rapids: Eerdmans, 2015, p. 66.

6. Para obtener más información sobre por qué estos dos conceptos están tan estrechamente relacionados en Génesis 1:27, consulte Phyllis A. Bird, "Male and Female He Created Them: Gen 1:27b in the Context of the Priestly Account of Creation", *Harvard Theological Review*, 74, no. 2, 1981, pp. 129–159.

7. David J. A. Clines, "The Image of God in Man", *Tyndale Bulletin*, 19, 1968, p. 54.

8. Paul Humbert, "L' imago Dei' dans l'Ancien Testament", en Études sur le récit du paradis et de la chute dans la Genèse, Mémoires de l'université de Neuchâtel, 14, Neuchâtel: Secrétariat de l'Université, 1940, pp. 153–175.

9. Hermann Gunkel y Mark E. Biddle, *Genesis,* Mercer Library of Biblical Studies, Macon, GA: Mercer University Press, 1997, p. 113.

10. Robert A. J. Gagnon, *The Bible and Homosexual Practice: Texts and Hermeneutics,* Nashville: Abingdon Press, 2001, p. 58.

11. James V. Brownson, *Bible, Gender, Sexuality: Reframing the Church's Debate on Same-Sex Relationships,* Grand Rapids: Eerdmans, 2013, p. 26.

12. Karl Barth, *Church Dogmatics, III/1–4, The Doctrine of Creation,* Edinburgh: T. & T. Clark, 1958, pp. 193–194.

13. Claus Westermann, *Genesis 1–11: A Commentary,* Minneapolis: Augsburg Publishing House, 1984, p. 150.

14. John Wesley, Albert Cook Outler, and Richard P. Heitzenrater, *John Wesley's Sermons: An Anthology,* Nashville: Abingdon Press, 1991, p. 335.

Capítulo 5: Choque de cultura bíblica

1. W. Roscoe, "Priests of the Goddess: Gender Transgression in Ancient Religion", *History of Religions,* 35, no. 3, 1996, pp. 195–230.

2. Ruth N. Sandberg, *Development and Discontinuity in Jewish Law,* Lanham, MD: University Press of America, 2001, pp. 93–94.

3. Gregory G. Bolich, *Crossdressing in Context: Dress, Gender,*

Transgender, and Crossdressing, vol. 4, *Transgender & Religion*, Raleigh, NC: Psyche's, 2008, pp. 35–36.

4. "Mission & Vision", the Council on Biblical Manhood and Womanhood, consultado el 25 de junio de 2017, disponible en: https://cbmw.org/about/mission-vision.

5. "The Danvers Statement", the Council on Biblical Manhood and Womanhood, Wheaton, IL, 1988.

6. Rachel Held Evans, *A Year of Biblical Womanhood: How a Liberated Woman Found Herself Sitting on Her Roof, Covering Her Head, and Calling Her Husband "Master"*, Nashville: Thomas Nelson, 2012, pp. 203–204.

7. Otra cosa importante a tener en cuenta es que Adán, el humano original, no se describe como varón antes de la creación de Eva. Para obtener más información sobre Adán como un ser sin sexo ni género, consulte Phyllis Trible, *God and the Rhetoric of Sexuality, Overtures to Biblical Theology 2,* Philadelphia: Fortress Press, 1978.

8. Evans, *Year of Biblical Womanhood*, p. 207.

9. James V. Brownson, *Bible, Gender, Sexuality: Reframing the Church's Debate on Same-Sex Relationships,* Grand Rapids: Eerdmans, 2013, pp. 29–30.

10. "Taiwan Yearbook 2006", Oficina de información del gobierno, disponible en: https://web.archive.org/web/20070708213510; o en: http://www.gio.gov.tw/taiwan-website/5-gp/yearbook/22Religion.htm, archivado desde el original el 8 de julio de 2007.

11. Annette Lynch y Mitchell D. Strauss, "Hanfu Chinese Robes", en *Ethnic Dress in the United States: A Cultural Encyclopedia,* Lanham, MD: Rowman & Littlefield, 2015, p. 135.

12. Theodore W. Jennings, *Jacob's Wound: Homoerotic Narrative in the Literature of Ancient Israel,* New York: Continuum International Publishing Group Ltd., 2005, p. 180.

13. Sara Järlemyr, "A Tale of Cross-Dressers, Mothers, and Murderers: Gender and Power in Judges 4 and 5", *Svensk Exegetisk Årsbok,* 81, 2016, p. 54.

14. Ho Yi, "Something Wicked This Way Comes", *The Taipei Times*, [30 de junio de 2014], consultado el 27 de junio de 2017, disponible en: http://www.taipeitimes.com/News/feat/archives/2014/06/30/2003593988/2.

15. Ke-hsien Huang, "'Culture Wars' in a Globalized East: How Taiwanese Conservative Christianity Turned Public during the Same-Sex Marriage Controversy and a Secularist Backlash", *Review of Religion and Chinese Society,* 4, 2017, pp. 108-136.

Capitulo 6: ¿Repetirías mi nombre?

1. "Numbers 13:16", en *Rashbam on Numbers*, Sefaria.org, Urim Publications, consultado el 5 de junio de 2017, disponible en: https://www.sefaria.org/Rashbam_on_Numbers.13.16?lang=bi.

2. "Guidelines for the Primary and Gender-Affirming Care of Transgender and Gender Nonbinary People", 2.ª ed., Center of

Excellence for Transgender Health, [17 de junio de 2016], consultado el 12 de junio de 2017, disponible en: http://transhealth.
ucsf.edu/trans?page=guidelines-home.

Capítulo 7: Dios rompe las reglas para incluirte

1. Para obtener más información sobre la historia del libro de
Isaías, específicamente sobre Isaías 56, consulta Elizabeth
Achtemeier, *The Community and Message of Isaiah 56–66: A
Theological Commentary* , Minneapolis: Augsburg Publishing
House, 1982.

2. Joseph Blenkinsopp, *Isaiah 56–66: A New Translation with
Introduction and Commentary,* New York: Doubleday, 2013, p.
137.

3. Benjamin D. Sommer, *A Prophet Reads Scripture: Allusion in
Isaiah 40–66,* Stanford, CA: Stanford University Press, 1998, p.
147.

4. Clinton E. Hammock, "Isaiah 56:1–8 and the Redefining of
the Restoration Judean Community", *Biblical Theology Bulletin:
Journal of Bible and Culture* ,30, no. 2, 2000, p. 51.

Capítulo 8: Los mejores discípulos son eunucos

1. Jerome Kodell, "Celibacy Logion in Matthew 19:12", *Biblical
Theology Bulletin,* 8, no. 1, febrero de 1978, pp. 19–23.

2. Victoria S. Kolakowski, "Toward a Christian Ethical Response

to Transsexual Persons", *Theology and Sexuality,* 6, marzo del 1997, p. 25.

3. J. David Hester, "Eunuchs and the Postgender Jesus: Matthew 19. 12 and Transgressive Sexualities", *Journal for the Study of the New Testament,* 28, no. 1, septiembre de 2005, p. 33.

4. Henry Percival, *Canons of the Ecumenical Council of Nicaea I, 325 AD, and Other Early Synods*, vol. 1, *Ecumenical Christian Councils*, CreateSpace Independent Publishing Platform, 2017, p. 4.

5. Hester, "Eunuchs and the Postgender Jesus", pp. 34–35.

6. Ibid., p. 20.

7. Halvor Moxnes, "Jesus in Gender Trouble", Cross Currents, 54, no. 3, 2004, p. 41.

8. Justin Edward Tanis, *Trans-Gendered: Theology, Ministry, and Communities of Faith,* Cleveland: Pilgrim Press, 2003, p. 146.

9. Hester, "Eunuchs and the Postgender Jesus", p. 38.

10. Para más información sobre este concepto, consulta J. D. Hester, "Queers on account of the Kingdom of Heaven: Rhetorical Constructions of the Eunuch Body", *Scriptura,* 90, 2005, pp. 809823.

Capítulo 9: Nada me lo impide

1. Marianne Bjelland Kartzow y Halvor Moxnes, "Complex Identities: Ethnicity, Gender, and Religion in the Story of the

Ethiopian Eunuch (Acts 8:26–40)", *Religion and Theology,* 17, no. 34, 2010, pp. 184–204.

2. Sean D. Burke, *Queering the Ethiopian Eunuch: Strategies of Ambiguity in Acts*, Emerging Scholars, Minneapolis: Fortress Press, 2013, pp. 19–38.

3. Justin Edward Tanis, *Trans-Gendered: Theology, Ministry, and Communities of Faith,* Cleveland: Pilgrim Press, 2003, p. 78.

4. Broderick Greer, "Theology as Survival", [11 de enero de 2016], consultado el 13 de junio de 2017, disponible en: http://www.broderickgreer.com/blog/survivaltheology.

5. Tanis, *Trans-Gendered*, p. 79.

Capítulo 10: Incluso Jesús tenía un cuerpo

1. "Quotes Misattributed to C. S. Lewis", C. S. Lewis Foundation, [31 de enero de 2013], consultado el 26 de junio de 2017, disponible en: http://www.cslewis.org/aboutus/faq/quotes-misattributed.

2. Neville Ann Kelly, "Early Contributors to Christian Asceticism: Body and Soul in Plato and Saint Paul", *Foundation Theology 2007: Student Essays for Ministry Professionals*, ed. John H. Morgan, South Bend, IN: Cloverdale, 2007, pp. 91–109.

3. Christina M. Fetherolf, "The Body for a Temple, A Temple for a Body: An Examination of Bodily Metaphors in 1 Corinthians", *Proceedings,* 30, 2010, p. 98.

4. James B. Nelson, "On Doing Body Theology", *Theology and Sexuality,* 2, marzo de 1995, p. 47.

5. Nancy L. Eiesland, "Encountering the Disabled God", *The Other Side,* 38, no. 5, septiembre de 2002, p. 14.

6. Ibid., p. 12.

7. James H. Cone, "Strange Fruit: The Cross and the Lynching Tree", *Journal of Theology for Southern Africa,* 148, marzo de 2014, p. 15.

8. Kelly Brown Douglas, *Sexuality and the Black Church: A Womanist Perspective,* Maryknoll, NY: Orbis Books, 1999, p. 117.

9. Terence E. Fretheim, *God and World in the Old Testament: A Relational Theology of Creation,* Nashville: Abingdon Press, 2005, pp. 41-42.

10. Ibid.

Capítulo 11: La vida más allá de la apologética

1. Juan 10: 10.

2. Justo L. González, *Luke, Belief, a Theological Commentary on the Bible,* Louisville, KY: Westminster John Knox Press, 2010, p. 117.

3. Robert Kysar, *John, the Maverick Gospel*, ed. rev., Louisville, KY: Westminster John Knox Press, 1993, p. 120.

4. Brendan Byrne, *Life Abounding: A Reading of John's Gospel,* Collegeville, MN: Liturgical Press, 2014, p. 172.

5. Anneliese A. Singh, Danica G. Hays, y Laurel S. Watson, "Strength in the Face of Adversity: Resilience Strategies of Transgender Individuals", *Journal of Counseling and Development,* 89, no. 1 (Winter 2011), p. 23.

6. Anneliese A. Singh and Vel S. Mckleroy, "'Just Getting out of Bed Is a Revolutionary Act': The Resilience of Transgender People of Color Who Have Survived Traumatic Life Events", *Traumatology,* 17, no. 2, 2011, p. 39.

Capítulo 12: ¿Ya no importa el género?

1. Wayne A. Meeks, "The Image of the Androgyne: Some Uses of a Symbol in Earliest Christianity", *History of Religions,* 13, no. 3, 1974, pp. 165–208.

2. Richard Twiss, *Rescuing the Gospel from the Cowboys: A Native American Expression of the Jesus Way,* Downers Grove, IL: InterVarsity Press, 2015, p. 104.

3. Para más información sobre "igualdad y unidad" consulta Brigitte Kahl, "Gender Trouble in Galatia? Paul and the Rethinking of Difference", *Is There a Future for Feminist Theology?*, ed. Deborah F. Sawyer and Diane M. Collier, Sheffield, UK: Sheffield Academic Press, 1999, pp. 5773.

4. Randy Woodley, *Living in Color: Embracing God's Passion for Ethnic Diversity*, ed. rev., Downers Grove, IL: InterVarsity

Press, 2004, p. 72.

5. Sue-Ellen Jacobs, *Two-Spirit People: Native American Gender Identity, Sexuality, and Spirituality*, Urbana: University of Illinois Press, 2005, p. 2.

6. Sabine Lang, *Men as Women, Women as Men: Changing Gender in Native American Cultures*, Austin: University of Texas Press, 1998.

7. Meeks, "The Image of the Androgyne", p. 208.

8. Ibid.

Conclusión

1. Esta lista está adaptada de Virginia Ramey Mollenkott, "We Come Bearing Gifts: Seven Lessons Religious Congregations Can Learn from Transpeople", en *Trans/formations*, ed. Marcella Althaus-Reid y Lisa Isherwood, London: SCM Press, 2009, pp. 46–58.

2. "Transgender Person Commissioned as Deacon", The United Methodist Church, 5 de junio de 2017, disponible en: http://www.umc.org/news-and-media/transgender-person-commissioned-as-deacon.

3. Stina Sieg, "Pastor Redefines 'Church' for Transgender Youth", NPR, [21 de febrero de 2016], consultado el 4 de julio de 2017, disponible en: http://www.npr.org/2016/02/21/467243382/pastor-redefines-church-for-transgender-youth.

4. Michael Hart, "Congregation Races to Get Gender-Accurate IDs for Transgender People", *UU World Magazine*, [8 de marzo del 2017], consultado el 4 de julio de 2017, disponible en: http://www.uuworld.org/articles/fairbanks-transgender-aid.

5. Richie DeMaria, "Transgender Community Space Opens", *Santa Barbara Independent*, [23 de marzo de 2017], consultado el 5 de julio de 2017, disponible en:
http://www.independent.com/news/2017/mar/23/transgender-community-space-opens/

6. Para obtener más información sobre el Día del Recuerdo de las Personas Transgénero, consulta
https://www.glaad.org/tdor.

Para más lectura

Líneas de ayuda

Trans Lifeline - Estados Unidos (877) 565-8860; Canada: (877) 330-6366. Sitio web: https://www.translifeline.org/

The National Suicide Prevention Lifeline - Estados Unidos: (800) 273-8255 (chat disponible por internet). https://suicidepreventionlifeline.org/.

The Crisis Text Line - Estados Unidos: Escribe START al 741-741 - http://www.crisistextline.org/.

Conceptos básicos sobre cuestiones transgénero

Erickson-Schroth, Laura. *Trans Bodies, Trans Selves: A Resource for the Transgender Community*. Oxford: Oxford University Press, 2014.

Teich, Nicholas M, *Transgender 101: A Simple Guide to a Complex Issue. New York*: Columbia University Press, 2012.

Autobiografías y pensamientos de personas trans

Andrews, Arin, y Joshua Lyon, *Some Assembly Required: The Not-So-Secret Life of a Transgender Teen,* New York: Simon & Schuster BFYR, 2015.

Bornstein, Kate, *A Queer and Pleasant Danger: A Memoir, Boston:* Beacon Press, 2012.

Boylan, Jennifer Finney. *She's Not There: A Life in Two Genders,* New York: Broadway, 2003.

Green, Jamison. *Becoming a Visible Man,* Nashville: Vanderbilt University Press, 2006.

Jennings, Jazz, *Being Jazz: My Life as a (Transgender) Teen,* New York: Ember, 2017.

Kuklin, Susan, *Beyond Magenta: Transgender Teens Speak Out,* Somerville, MA: Candlewick Press, 2015.

Lei, Ming, y Lura Frazey, *Life beyond My Body: A Transgender Journey to Manhood in China,* Oakland, CA: Transgress Press, 2016.

Mock, Janet, *Redefining Realness: My Path to Womanhood, Identity, Love, and So Much More*. New York: Simon & Schuster, 2015.

Salazar, Lisa, *Transparently: Behind the Scenes of a Good Life,* Vancouver, BC: Lisa Salazar, 2011.

Sallans, Ryan K, *Second Son: Transitioning toward My Destiny, Love, and Life,* Omaha: Scout Publishing, 2013.

Serano, Julia. *Excluded: Making Feminist and Queer Movements More Inclusive*. Berkeley, CA: Seal Press, 2013.

———. *Whipping Girl: A Transsexual Woman on Sexism and the Scapegoating of Femininity*. Berkeley, CA: Seal Press, 2016.

Guía de ejercicios para la exploración de la identidad de género

Bornstein, Kate, *My Gender Workbook: How to Become a Real Man, a Real Woman, the Real You, or Something Else Entirely,* New York: Routledge, 1998.

———. *My New Gender Workbook: A Step-by-Step Guide to Achieving World Peace through Gender Anarchy and Sex Positivity,* New York: Routledge, 2013.

Singh, Anneliese, y Diane Ehrensaft, *The Queer and Transgender Resilience Workbook: Skills for Navigating Sexual Orientation and Gender Expression*. Oakland, CA: New Harbinger Publications, 2018.

Testa, Rylan Jay, Deborah Coolhart, y Jayme Peta, *The Gender Quest Workbook: A Guide for Teens and Young Adults Exploring Gender Identity*. Oakland, CA: New Harbinger Publications, 2016.

Para padres con hijos trans y de género diverso

Angello, Michele, y Alisa Bowman, *Raising the Transgender Child: A Complete Guide for Parents, Families, and Caregivers,* Berkeley, CA: Seal Press, 2016.

Brill, Stephanie, y Lisa Kenney, *The Transgender Teen: A Handbook for Parents and Professionals Supporting Transgender and Non-Binary Teens,* San Francisco: Cleis Press, 2016.

Brill, Stephanie, y Rachel Pepper, The *Transgender Child: A Handbook for Families and Professionals,* San Francisco: Cleis Press, 2008.

Duron, Lori, *Raising My Rainbow: Adventures in Raising a Fabulous, Gender-Creative Son,* New York: Broadway Books, 2013.

Ehrensaft, Diane, y Edgardo Menvielle, *Gender Born, Gender Made: Raising Healthy Gender-Nonconforming Children,* New York: The Experiment, 2011.

Ehrensaft, Diane, y Norman Spack, *The Gender Creative Child: Pathways for Nurturing and Supporting Children Who Live outside Gender Boxes,* New York: The Experiment, 2016.

Nealy, Elijah C, *Transgender Children and Youth: Cultivating Pride and Joy with Families in Transition,* New York: W. W. Norton, 2017.

Nutt, Amy Ellis, *Becoming Nicole: The Transformation of an American Family,* New York: Random House, 2016.

Pepper, Rachel, y Kim Pearson, *Transitions of the Heart: Stories of Love, Struggle, and Acceptance by Mothers of Transgender and Gender-Variant Children,* Berkeley, CA: Cleis Press, 2012.

Whittington, Hillary, *Raising Ryland: Our Story of Parenting a Transgender Child with No Strings Attached,* New York: William Morrow, 2015.

Libros para niños

DeSimone, Susanne, y Cheryl Kilodavis. *My Princess Boy*. New York: Aladdin, 2011.

Gino, Alex. *George.* New York: Scholastic, 2015.

Hall, Michael. *Red: A Crayon's Story*. New York: Greenwillow, 2015.

Herthel, Jessica, Jazz Jennings, y Shelagh McNicholas. *I Am Jazz!,* New York: Dial Books for Young Readers, 2014.

Hoffman, Sarah, Ian Hoffman, y Chris Case. *Jacob's New Dress*. Chicago: Albert Whitman & Co., 2014.

Pessin-Whedbee, Brook, y Naomi Bardoff. *Who Are You? The Kid's Guide to Gender Identity*. London: Jessica Kingsley Publishers, 2017.

Walton, Jess. *Introducing Teddy. New York*: Bloomsbury, 2016.

Fe solidaria con lo trans

Althaus-Reid, Marcella, y Lisa Isherwood, eds. *Trans/formations*. London: SCM Press, 2009.

Beardsley, Christina. *This Is My Body: Hearing the Theology of Transgender Christians*. London: Darton, Longman & Todd Ltd., 2017.

Brownson, James V. *Bible, Gender, Sexuality: Reframing the Church's Debate on Same-Sex Relationships*. Grand Rapids: Eerdmans, 2013.

Cook, Ann Thompson. *Made in God's Image: A Resource for Dialogue about the Church and Gender Differences.* Fort Wayne, IN: Many Voices, 2003.

DeFranza, Megan K. Sex *Difference in Christian Theology: Male, Female, and Intersex in the Image of God.* Grand Rapids: Eerdmans, 2015.

Edman, Elizabeth M. Queer Virtue: *What LGBTQ People Know about Life and Love and How It Can Revitalize Christianity.* Boston: Beacon Press, 2016.

Hornsby, Teresa J., y Deryn Guest. *Transgender, Intersex, and Biblical Interpretation.* Atlanta: SBL Press, 2016.

Lee, Deborah Jian. *Rescuing Jesus: How People of Color, Women, and Queer Christians Are Reclaiming Evangelicalism.* Boston: Beacon, 2016.

Mollenkott, Virginia Ramey. *Omnigender: A Trans-Religious Approach.* Cleveland: Pilgrim Press, 2007.

Mollenkott, Virginia R., y Vanessa Sheridan. *Transgender Journeys.* Eugene, OR: Resource Publications, 2010.

Sheridan, Vanessa. *Crossing Over: Liberating the Transgendered Christian.* Cleveland: Pilgrim Press, 2001.

Tanis, Justin Edward. *Trans-gendered: Theology, Ministry, and Communities of Faith.* Cleveland: Pilgrim Press, 2003.

Tigert, Leanne McCall, y Maren C. Tirabassi. *Transgendering Faith: Identity, Sexuality, and Spirituality.* Cleveland: Pilgrim Press, 2004.

Recursos para iglesias y profesionales del ministerio

"Gender Identity and Our Faith Communities: A Congregational Guide for Transgender Advocacy", The Human Rights Campaign. 8 de diciembre de 2008, consultado el 28 de junio de 2017. Disponible en:

http://www.hrc.org/resources/gender-identity-and-our-faith-communities-a-congregational-guide-for-transg.

Kundtz, David, y Bernard Sloan Schlager. *Ministry among God's Queer Folk: LGBT Pastoral Care*. Cleveland: Pilgrim Press, 2007.

Pacha, Kelsey. "Transitioning to Inclusion: A Guide to Welcoming Transgender Children and Their Families in Your Community of Faith", The Center for LGBTQ and Gender Studies in Religion, 2 de mayo de 2015, consultado el 28 de junio de 2017. Disponible en:

https://clgs.org/multimedia-archive/transitioningyouthresource/.

"TransACTION—A Transgender Curriculum For Churches and Religious Institutions." The Institute for Welcoming Resources. Consultado el 28 de junio de 2017. Disponible en:

http://www.welcomingresources.org/transgender.xml.

Weekley, David Elias. *Retreating Forward: A Spiritual Practice with Transgender Persons*. Eugene, OR: Resource Publications, 2017.

Historia y ciencia

Bornstein, Kate, y S. Bear Bergman. Gender Outlaws: *The Next Generation*. Berkeley, CA: Seal Press, 2010.

Feinberg, Leslie. *Transgender Warriors: Making History from Joan of Arc to Dennis Rodman*. Boston: Beacon Press, 2005.

Fine, Cordelia. Delusions of Gender: How Our Minds, Society, and Neurosexism Create Difference. New York: W. W. Norton, 2011.

Herdt, Gilbert H. *Third Sex, Third Gender: Beyond Sexual Dimorphism in Culture and History*. New York: Zone Books, 2003.

Roughgarden, Joan. *Evolution's Rainbow: Diversity, Gender, and Sexuality in Nature and People*. 10th Anniversary ed. Berkeley: University of California Press, 2013.

Stryker, Susan. *Transgender History*. Berkeley, CA: Seal Press, 2008.

Stryker, Susan, y Aren Z. Aizura. *The Transgender Studies Reader 2*. London: Routledge, 2013.

Stryker, Susan, y Stephen Whittle. *The Transgender Studies Reader*. New York: Routledge, 2006.

Organizaciones y comunidad

Believe Out Loud - Stories from LGBTQ+ Christians. Ver https://www.believeoutloud.com/.

The Center for LGBTQ and Gender Studies in Religion - Programas, investigación y apoyo para cristianos LGBTQ +. Ver https://clgs.org/

Colage - Support for people with LGBTQ+ parents. Ver https://www.colage.org/.

Gender Spectrum - Apoyo para jóvenes y familias LGBTQ+. Ver https://www.genderspectrum.org/.

The Institute for Welcoming Resources - Un grupo ecuménico que impulsa la inclusión de la iglesia LGBTQ+. Ver http://www.welcomingresources.org/

Many Voices - Un movimiento de la iglesia afrodescendiente por la justicia gay y transgénero. Ver www.manyvoices.org/

The National Center for Trans Equality - Promoción y organización de políticas públicas. Ver http://www.transequality.org/.

PFLAG - Apoyo a personas LGBTQ+ y sus familias. Ver https://www.pflag.org/.

Queer Grace - Una enciclopedia de fe LGBTQ+. Ver www.queergrace.com/.

Queer Theology - Recursos y comunidad para cristianos LGBTQ +. Ver https://www.queertheology.com/.

Refuge Restrooms - Aplicación para encontrar baños seguros y de género neutro. Ver http://www.refugerestrooms.org/.

The Sylvia Rivera Law Project - Ayuda legal para personas transgénero. Ver https://srlp.org/.

TransFaith - Información y comunidad para personas LGBTQ+ de todas las religiones. Ver www.transfaithonline.org/.

The Transgender Law Center - Promoción legal y cambio de políticas. Ver https://transgenderlawcenter.org/.

The Trans Justice Funding Project - Subvenciones para personas y grupos transgénero. Ver https://www.transjusticefundingproject.org/.

Trans Lifeline - Línea directa de crisis atendida por personas trans para personas trans. Ver https://www.translifeline.org/.

Trans Student Educational Resources - Recursos trans de estudiantes para estudiantes. Ver www.transstudent.org.

Welcoming Church Map. Ver http://believeoutloud.com/take-action/find-your-community. Consultado el 28 de Junio del 2017.

World Professional Association for Transgender Health - Investigación clínica y académica. Ver http://www.wpath.org/.

JUANUNO1
EDICIONES

JU1 JUANUNO1
PUBLISHING
HOUSE LLC.